Katharina Hild | Nikola Hild

SO SCHMECKT'S BEI UNS

W0231010

Silberburg-Verlag

www.silberburg.de

Katharina Hild | Nikola Hild

SO SCHMECKT'S BEI UNS
Die 30 besten schwäbischen und badischen Rezepte

 **FLAVOURS OF THE SOUTH-WEST**
The 30 best Swabian and Baden recipes

 LES SAVEURS DE CHEZ NOUS
Les 30 meilleures recettes des cuisines souabe et badoise

Die Autorin:

Nikola Hild, geboren 1958 in Tübingen, studierte Empirische Kulturwissenschaft und Germanistik und ist heute als Gästeführerin in Tübingen tätig. Ihre Schwester Katharina und sie haben gemeinsam zehn Bücher verfasst und sind für die Rezept-Kolumne in der Monatszeitschrift »Schönes Schwaben« verantwortlich.

Die Fotografin:

Katharina Hild, Jahrgang 1962, ist gebürtige Tübingerin. Nach Abschluss ihres Ingenieurstudiums gründete sie 1988 die Bildagentur Hild. Daneben arbeitet sie als Foto-Designerin mit den Schwerpunkten: Architektur, Kunst, Stillleben und Food. Sie ist verheiratet und lebt in Reutlingen.

1. Auflage 2016

© 2016 by Silberburg-Verlag GmbH,
Schönbuchstraße 48, D-72074 Tübingen.
Alle Rechte vorbehalten.
Umschlaggestaltung: Anette Wenzel, Tübingen, unter Verwendung von
Fotografien von Katharina Hild.
Lektorat: Gertrud Menczel, Böblingen.
Übersetzung ins Englische: David Whitehead, Backnang.
Übersetzung ins Französische: Michel Thobois, Büren-Weiberg.
Bildnachweis: Wikimedia Commons/Elke Wetzig (Elya): S. 8 rechts oben;
SWR: S. 8 links oben; Archiv Silberburg: S. 8 rechts unten; Internationale
Bodensee Tourismus GmbH: S. 8 links unten; KTG Karlsruhe Tourismus
GmbH/Andrea Fabry: S. 10 rechts oben; Stadt Leutkirch/Roland Rasemann: S. 10 links oben; Archiv Silberburg: S. 10 rechts unten; Schwarzwälder Freilichtmuseum Vogtsbauernhof/Hans-Jörg Haas: S. 10 links
unten; Wikimedia Commons/Mbaramidze: S. 12 rechts oben; Wikimedia
Commons/Jörgens.mi: S. 12 links oben; Wikimedia Commons/Candidus:
S. 12 rechts unten; FLS Schwäbisch Hall/Jürgen Weller: S. 12 links unten;
alle anderen Fotos: Katharina Hild.
Druck: Gulde-Druck, Tübingen.
Printed in Germany.

ISBN 978-3-8425-2004-2

Besuchen Sie uns im Internet und entdecken Sie die Vielfalt
unseres Verlagsprogramms: **www.silberburg.de**

Ihre Meinung ist wichtig ...

… für unsere Verlagsarbeit. Wir freuen
uns auf Kritik und Anregungen unter:

www.silberburg.de/Meinung

INHALT | CONTENTS | SOMMAIRE

PFITZAUF MIT KOMPOTT *40*
Pfitzauf with fruit compote
Petits soufflés à la compote

CHAUDEAU (CHADEAU-SAUCE) MIT OSTERLAMM *44*
Sabayon with Easter lamb
Agneau pascal au sabayon

GEFÜLLTE PFANNKUCHEN *42*
Filled pancakes
Crêpes farcies

BADISCHE KÜCHE   Baden cuisine | Cuisine badoise *46*

Suppen	Soups	Soupes et bouillons

SCHNECKENSUPPE *48*
Snail soup
Soupe d'escargots

BADISCHE ZWIEBELSUPPE *50*
Baden onion soup
Soupe à l'oignon badoise

BADISCHE WEINSUPPE MIT KRACHERLE *52*
Baden wine soup with Kracherle
Soupe au vin badoise et croûtons

BAULÄNDER GRÜNKERNSUPPE *54*
Bauland green spelt soup
Soupe à l'épeautre vert

Hauptgerichte	Main meals	plats principal

BADISCHES SCHÄUFELE *56*
Pork shoulder
Epaule de porc

SPARGEL MIT KRATZETE *58*
Asparagus with Baden Kratzete
Asperges aux crêpes brisées

SAUERBRATEN *60*
Marinaded beef
Rôti de bœuf mariné

FILETS VOM BODENSEEFELCHEN *62*
Fillets of Lake Constance whitefish
Filets de féra

BADISCHE KÄSSPATZEN *64*
Badische Kässpatzen
Spaetzle au fromage à la badoise

SCHUPFNUDELN MIT SAUERKRAUT *66*
Potato fingers with sauerkraut
Nouilles roulées et choucroute

GEBACKENE SCHWARZWALDFORELLE *68*
Baked Black Forest trout
Truite de Forêt Noire

Süßes | Sweet dishes | Douceurs

OFENSCHLUPFER *70*
Bread & butter pudding
Pudding aux pommes et raisins secs

FASNETSKIECHLE *72*
Carnival cakes
Beignets de carnaval

BADISCHE HOLUNDERBLÜTENKÜCHLE *74*
Baden elderflower cakes
Beignets de fleurs de sureau

SCHWARZWÄLDER KIRSCHCREME *76*
Black Forest cherry cream
Crème aux griottes « Forêt Noire »

Die Gründung des heutigen Landes Baden-Württemberg brachte 1952 nicht nur den Zusammenschluss dreier Länder mit sich, die über lange Zeit hinweg eine weitgehend eigenständige Entwicklung genommen hatten, sondern bescherte dem neuen Bundesland auch zwei Regionalküchen und damit eine bisher nie da gewesene kulinarische Vielfalt.

Die badische Küche genießt einen ausgezeichneten Ruf, den sie nicht zuletzt ihrer enormen Bandbreite verdankt. Die sonnenverwöhnte Oberrheinebene zählt zu den wärmsten Gegenden Deutschlands und verfügt über ungemein ertragreiche Böden. Ideale Bedingungen also für den Anbau von Wein, Obst, Gemüse und sogar Tabak – und nicht zuletzt den berühmten badischen Spargel.

Ebenso profitierte die badische Kochkunst von der unmittelbaren Nachbarschaft zur Schweiz und vor allem zu Frankreich, die nicht ohne Einfluss auf die kulinarische Entwicklung Badens blieb. Unter den deutschen Regionalküchen gilt die badische nicht nur als besonders wohlschmeckend und bekömmlich, sondern auch als »leicht« und »französisch«.

Der schwäbischen Küche wird dagegen eher eine gewisse Behäbigkeit und ein Mangel an Raffinesse nachgesagt. Sie ist bodenständiger, einfacher, habhafter und »bäuerlicher« geprägt. Denn im klimatisch weniger begünstigten und nicht gerade wohlhabenden Schwaben diente die Nahrungsaufnahme lange Zeit weniger dem Genuss als vielmehr dem Sattwerden. Es galt, mit den bescheidenen Zutaten, die zur Verfügung standen, den Bauch zu füllen. So entstand im Schwäbischen – fast zwangsläufig muss man wohl sagen – eine Regionalküche, die aus dem Mangel geboren wurde und den Landesbewohnern den Ruf einbrachte, sparsamer als die angeblich besonders geizigen Schotten zu sein.

Aus Mehl, Milch und Eiern bereitete man nahrhafte Sättigungsgerichte und Beilagen wie beispielsweise Spätzle oder Pfannkuchen, aus Lebensmittelresten Eintöpfe und Aufläufe, dazu die allgegenwärtigen Suppen, die den Bauch so schön wärmen und für wohlige Magenfüllung sorgen.

Trotz aller Unterschiede zeigen die beiden Regionalküchen jedoch auch zahlreiche Gemeinsamkeiten. So sind zum Beispiel Forellen, Schupfnudeln und Spätzle bei Schwaben und Badenern gleichermaßen beliebt, wobei Letzteren nachgesagt wird, bei der Zugabe von Eiern wesentlich großzügiger als ihre geizigen schwäbischen Nachbarn zu sein.

9

1   **Stuttgart**

2   **Kloster Maulbronn** | Maulbronn Monastery | **L'Abbaye de Maulbronn**

3   **Bodensee** | Lake Constance | Lac de Constance

4   **Weinland Baden** | Wine-country Baden | **Le pays de Bade, une région connue pour sa production du vin**

T he foundation of the current state of Baden-Württemberg in 1952 not only brought together three states, which had followed their own developmental path for many years, but also gave the new federal state two regional cuisines and thus a hitherto unknown culinary variety.

Baden cuisine enjoys an excellent reputation, thanks, not least, to its enormous variety. The sunkissed plains of the Upper Rhine are amongst the warmest areas in Germany and possess exceptionally fertile soils. Ideal conditions therefore for the growing of wine, fruit, vegetables, even tobacco - and, of course, the famous Baden asparagus.

In addition, Baden's cuisine has profited from the immediate proximity to Switzerland and, in particular, France, which have left their mark on Baden's culinary development. Amongst German regional cuisines, Baden is considered not only as particularly tasty and wholesome, but also as "light" and "French".

By contrast, Swabian cuisine is considered as stolid and rather lacking in refinement. It is more down-to-earth, simple, hearty and "rustic". This is because in Swabia, which was not exactly rich and did not have such good weather, food consumption was considered to be less of a thing of pleasure and more of means of being full. With the simple ingredients available, the aim was to fill the stomach. Thus, Swabia saw the - almost forced - development of a regional cuisine born out of scarcity and which gave the inhabitants the reputation of being even more thrifty than the already stingy Scots.

Nutritious meals and accompaniments to fill people up, such as Spätzle or pancakes, were created from flour, milk and eggs, stews and gratins from leftovers, not to mention the omnipresent soups, which warm the stomach so well, and which stop you being hungry.

In spite of all the differences, the two regional cuisines do share numerous aspects. For example, trout, Schupfnudeln and Spätzle are as popular in Swabia as they are in Baden, although, with the latter, it is said that the Badener are more generous in the amount of eggs they add than their stingy Swabian neighbours.

---

1   **Allgäu**

2   **Karlsruhe**

3   **Schwarzwald | Black Forest | La Forêt-Noire**

4   **Burg Hohenzollern | Hohenzollern Castle | Le Château de Hohenzollern**

L a création, en 1952, du Land de Bade-Wurtemberg ne se limita pas seulement à la réunion de trois provinces qui, pendant longtemps, s'étaient développées pratiquement chacune de leur côté mais dota ce nouveau Land de deux cuisines régionales et ainsi d'une diversité culinaire exceptionnelle.

La cuisine badoise jouit d'une renommée excellente qu'elle doit surtout à son énorme richesse culinaire. La plaine du Rhin Supérieur, gâtée par le soleil, compte parmi les contrées d'Allemagne les plus chaudes et possède des sols très fertiles, conditions idéales pour la culture de la vigne, des fruits, des légumes et même du tabac, sans oublier la célèbre asperge badoise.

La cuisine badoise profite également du voisinage immédiat de la Suisse et de la France qui s'est répercuté sur le développement culinaire du Bade. Parmi les cuisines régionales allemandes, la badoise est réputée particulièrement savoureuse et saine mais aussi « légère » et « française ».

Par contre, la cuisine souabe, qualifiée de « pépère », manquerait de finesse. Elle est plus terre à terre, plus simple, plus paysanne. En effet, dans une Souabe assez pauvre et au climat plus rude, la prise de nourriture fut pendant longtemps vouée plus au rassasiement qu'aux plaisirs de la table. Il fallait se remplir l'estomac avec les modestes produits disponibles.

C'est ainsi qu'en Souabe apparut, presque inéluctablement, une cuisine régionale issue de la pénurie et qui conféra à ses habitants la réputation d'être plus économes que les Ecossais que l'on dit particulièrement avares.

Farine, lait et œufs permettaient de préparer des mets et garnitures nourrissantes comme par exemple les « Spaetzle » (pâtes fraîches) et les crêpes, alors que les restes de repas fournissaient les bases de potées et de gratins divers. N'oublions pas les potages omniprésents qui réchauffent si bien le ventre et assurent un remplissage douillet de l'estomac.

Malgré ces différences, les deux cuisines régionales présentent de nombreux plats communs. Les truites, les nouilles roulées appelées « Schupfnudeln » et les « Spaetzle » sont présentes sur les tables des souabes et des badois bien que certains affirment que ces derniers seraient plus généreux que leurs voisins souabes, plus regardants quant au nombre d'œufs intégrés à ces pâtes fraîches.

---

1 Freiburg

2 Heidelberg

3 Schwäbisch Hall

4 Ulm

SCHWÄBISCHE KÜCHE

Swabian cuisine | Cuisine souabe

GAISBURGER MARSCH

Gaisburger Marsch | Potée de Gaisbourg

Spätzle: 500 g Mehl | 5–6 Eier | 1 TL Salz | 1/8 bis 1/4 l Wasser | **Fleischbrühe:** 500 g Suppenfleisch | 500 g Suppenknochen | 5 Gelbe Rüben | 1 Stange Lauch | 500 g Kartoffeln | Salz, Pfeffer, Muskat | 1–2 Zwiebeln | Butter | Schnittlauch

Für die Spätzle Mehl, Eier, Salz und Wasser in eine Schüssel geben und mit einem Kochlöffel kräftig schlagen, bis der Teig Blasen wirft. Einen Teil des Teiges auf ein nasses Spätzlebrett streichen und mit einem Spätzleschaber oder einem breiten Messer schmale Streifen in kochendes Salzwasser schaben. Alternativ kann man auch eine Spätzlepresse benutzen. Einmal schaumig aufkochen lassen, dann mit einem Schaumlöffel herausnehmen und in einem Sieb kurz mit kaltem Wasser abspülen.

Für die Brühe Fleisch, Knochen und Gemüse in einen großen Topf in etwa zwei Liter Wasser geben und eineinhalb bis zwei Stunden köcheln lassen. Dann wird das Suppenfleisch herausgenommen und in nicht zu große Würfel geschnitten.

Kartoffeln waschen, schälen und in Schnitze schneiden. Anschließend in die Brühe geben und weich garen lassen. Die Brühe mit Salz, Pfeffer und Muskat würzen und das gewürfelte Suppenfleisch sowie die Spätzle hinzugeben.

Zwischenzeitlich werden die Zwiebeln geschält, in Ringe zerkleinert und in Butter angebräunt.

Vor dem Servieren nochmals abschmecken und mit den Zwiebeln und fein geschnittenem Schnittlauch bestreuen.

Spätzle: 500 g flour | 5–6 eggs | 1 tsp salt | 1/8 to 1/4 l water | **Broth:** 500 g meat for boiling | 500 g bones for soup | 5 carrots | 1 leek | 500 g potatoes | salt, pepper, nutmeg | 1–2 onions | butter | chives

For the Spätzle, place flour, eggs, salt and water in a bowl and mix thoroughly with a wooden spoon until the dough starts to bubble. Spread some of the dough on a wet Spätzle board and, using a Spätzle cutter or a broad knife, scrape small strips into boiling salted water. Alternatively, you can use a Spätzle press. Let them rise to the surface, then remove them with a slotted spoon and briefly rinse them off in a sieve with cold water.

For the broth, place the meat, bones and vegetables in a large pot with around two litres of water and simmer for one and a half to two hours. Then remove the meat and cut into dice, which are not too large.

Wash and peel the potatoes and cut them into chunks, Then add them to the stock and boil them until they are soft. Season the broth with salt, pepper and nutmeg and add the diced meat and the Spätzle.

In the meantime, peel the onions, cut them into rings and brown them in butter.

Season to taste before serving and scatter with the onions and finely-chopped chives.

Spaetzle : farine 500 g | 5–6 œufs/ sel 1 Cc | eau 12 à 25 cl | **Bouillon :** viande 500 g | os 500 g | 5 carottes | 1 poireau | pommes de terre 500 g | sel, poivre, muscade | 1–2 oignons | beurre | ciboulette

Spaetzle : Dans une terrine, mettre la farine, les œufs, le sel et l'eau et battre vivement à la cuillère en bois jusqu'à formation de bulles. Etendre un peu de pâte sur une planchette en bois et racler dans de l'eau salée bouillante de fines lamelles de pâte à l'aide d'un racloir à spaetzle ou d'un large couteau. Il est aussi possible d'utiliser une presse à spaetzle. Les faire bouillir jusqu'à la formation d'écume puis les sortir avec une écumoire et les rincer brièvement à l'eau froide.

Bouillon : Verser dans une marmite 2 l environ d'eau et y mettre la viande, les os et les légumes. Laisser mijoter doucement une à deux heures. Sortir la viande et la couper en petits cubes.

Laver, éplucher et couper les pommes de terre en rondelles. Les ajouter au bouillon et les cuire doucement. Saler, poivrer, saupoudrer de muscade et ajouter les cubes de viandes et les pâtes. Entretemps, éplucher les oignons, les couper en rondelles et les faire brunir au beurre dans une poêle.

Avant de servir, ajuster l'assaisonnement et ajouter les oignons brunis et la ciboulette hachée.

HOCHZEITSSUPPE
Wedding soup | Potage de mariage

Brühe: 500 g Siedfleisch | 3–4 Markknochen | 5 Gelbe Rüben | 1 kleine Sellerie | 1/4 Kopf Weißkraut | 1 Stange Lauch | Salz, Pfeffer, Muskat | Schnittlauch | **Grießklöße:** 40 g Butter | 60 g Grieß | 1 Ei | Salz, Muskat | **Markklößle:** 80 g Rindermark | 50 g Butter (zimmerwarm) | 2 Eier | 50 g Weckmehl | Salz, Pfeffer, Muskat | **Brätklößle:** 200 g Brät vom Kalb | 1 Ei | Salz, Pfeffer | evtl. etwas Weckmehl

Für die Brühe Fleisch, Gemüse und Knochen in 2 Liter Wasser aufkochen und 3 bis 4 Stunden köcheln lassen. Knochen und Siedfleisch entfernen. Brühe durch ein Sieb abgießen. Mit Salz, Pfeffer und Muskat abschmecken.

Für die Grießklöße das Ei verquirlen und die Butter schaumig rühren. Dann beides mit Grieß, Salz und Muskat gut vermengen und eine Stunde ruhen lassen. Mit einem kleinen Löffel Klöße aus der Masse formen und 10 Minuten in der Fleischbrühe ziehen lassen.

Markklößle: Man wärmt das Mark auf, bis es flüssig ist, und lässt es dann etwas abkühlen, ehe es zuerst mit der Butter, dann mit den Eiern, Gewürzen und dem Weckmehl so lange verrührt wird, bis eine feste Masse entstanden ist. Daraus mit den Händen Klößchen formen und in der leicht siedenden Brühe etwa 10 Minuten ziehen lassen.

Brätklößle: Kalbsbrät, Gewürze und Ei vermischen. Bei Bedarf etwas Weckmehl beifügen. Mit einem kleinen Löffel sticht man die Brätklößle ab und lässt sie in der heißen Brühe ziehen.

Broth: 500 g boiling beef | 3–4 marrow bones | 5 carrots | 1 small celeriac | 1/4 white cabbage | 1 leek | salt, pepper, nutmeg | chives | **Semolina dumplings:** 40 g butter | 60 g semolina | 1 egg | salt, nutmeg | **Marrow dumplings:** 80 g beef marrow | 50 g butter (room temperature) | 2 eggs | 50 g breadcrumbs | salt, pepper, nutmeg | **Sausage meat dumplings:** 200 g veal sausage meat | 1 egg | salt, pepper | some breadcrumbs

For the broth, boil the meat, vegetables and bones in 2 litres of water and simmer for 3 to 4 hours. Remove the bones and boiling beef. Pass the broth through a sieve. Season to taste with salt, pepper and nutmeg.

For the semolina dumplings, beat the egg and whisk the butter to a foam. Then mix both well with semolina, salt and nutmeg and leave to rest for one hour. Using a small spoon, form small dumplings from the mixture and let them simmer for 10 minutes in the broth.

Marrow dumplings: First, warm the marrow until it is liquid and then let it cool before mixing it with butter and then with the eggs, seasoning and breadcrumbs until a solid mass forms. Then make little dumplings with your hands and simmer them for around 10 minutes in the broth.

Sausage meat dumplings: Mix the veal sausage meat, seasoning and egg. If required, add some breadcrumbs. Using a small spoon, create the sausage meat dumplings and simmer them in the hot broth.

Serve with freshly chopped chives.

Bouillon : gîte 500 g | 3–4 os à moelle | 5 carottes | 1 petit céleri-rave | 1/4 de chou | 1 poireau | sel, poivre, muscade | ciboulette | **Quenelles de semoule :** beurre 40 g | semoule 60 g | 1 œuf | sel, muscade | **Moelle :** moelle 80 g | beurre 50 g | 2 œufs | chapelure 50 g | sel, poivre, muscade | **Chair à saucisse :** chair à saucisse de veau 200 g | 1 œuf | sel, poivre | chapelure

Bouillon : Porter à ébullition viande, légumes et os dans 2 l d'eau puis laisser frémir 3 à 4 heures. Sortir la viande et les os et tamiser le bouillon. Ajouter sel, poivre et muscade.

Quenelles de semoule : battre en mousse l'œuf et le beurre. Mélanger avec la semoule, le sel et la muscade et laisser reposer 1 heure. Avec une petite cuillère former des petites quenelles et les plonger 10 minutes dans le bouillon frémissant. Moelle : Réchauffer la moelle pour la liquéfier et laisser un peu refroidir. La mélanger tout d'abord au beurre puis aux œufs, assaisonner et ajouter la chapelure pour obtenir une masse consistante. Former des boulettes à la main et les faire cuire 10 minutes dans le bouillon frémissant.

Chair à saucisse : Mélanger la chair à saucisse, l'assaisonnement et l'œuf et, à l'aide d'une petite cuillère, former des quenelles et les faire cuire dans le bouillon frémissant. Servir avec de la ciboulette fraîche hachée.

FLÄDLESUPPE

Pancake soup | Potage aux lanières de crêpes

Flädle: 200 g Mehl | 1/4 l Milch | 3 Eier | 1 TL Salz | Butter oder Butterschmalz |
Fleischbrühe: 500 g Siedfleisch | 3–4 Markknochen | 5 Gelbe Rüben | 1 Stange Lauch | 1 kleine
Sellerie | 1/4 Kopf Weißkraut | Salz, Pfeffer, Muskat | Schnittlauch

Zubereitung der Flädle: Zunächst gibt man das Mehl und die Milch in eine Schüssel und verrührt das Ganze zu einem glatten flüssigen Teig. Dann werden die Eier und das Salz zugegeben und der Teig nochmals gut verrührt.

Anschließend lässt man die Butter oder das Butterschmalz in einer sehr heißen Pfanne zergehen, gibt den Teig portionsweise in die Pfanne und backt daraus hauchdünne Flädle. Den Vorgang wiederholt man so lange, bis der Teig aufgebraucht ist. Anschließend werden die fertigen Flädle aufgerollt und fein geschnitten.

Für die Brühe werden die Gelben Rüben, Lauch, Sellerie und Weißkraut gewaschen, ge-

putzt und etwas zerkleinert. Anschließend gibt man das Gemüse mit dem Siedfleisch und den Markknochen in einen großen Topf, lässt das Ganze in etwa 2 Liter Wasser aufkochen und dann 3 bis 4 Stunden vor sich hin köcheln. Danach entfernt man die Markknochen und das Siedfleisch und gießt die Brühe durch ein Sieb in einen anderen Topf.

Alternativ kann man auch eine Gemüsebrühe aus Petersilie, Kraut, Sellerie und Karotten zubereiten.

Die Brühe mit Salz, Pfeffer und Muskat abschmecken. Dann die Flädle in die heiße Fleischbrühe geben und mit frischem Schnittlauch bestreut servieren.

Pancakes: 200 g flour | 1/4 l milk | 3 eggs | 1 tsp salt | butter or clarified butter |
Broth: 500 g boiling beef | 3–4 marrow bones | 5 carrots | 1 leek | 1 small celeriac |
1/4 white cabbage | salt, pepper, nutmeg | chives

Preparation of the pancakes: First, place the flour and milk in a bowl and stir both into a smooth, liquid batter. Then add the eggs and the salt and mix the batter well again.

Then melt the (clarified) butter in a very hot frying pan, add portions of the batter to the pan and fry very thin pancakes. Repeat this until the batter has all been cooked. Then roll up the finished pancakes and chop them finely.

For the broth, wash and chop the carrots, leek, celeriac and cabbage. Then place the vegetables, beef and bones in a large pot, boil them all in around 2 litres of water and simmer for 3 to 4 hours. Then remove the bones and the beef and pass the broth through a sieve into another pot.

Alternatively, you can prepare a vegetable stock with parsley, cabbage, celeriac and carrots.

Season the broth to taste with salt, pepper and nutmeg. Then add the pancakes to the hot broth and serve scatted with fresh chives.

Crêpe : farine 200 g | lait 25 cl | 3 œufs | sel 1 Cc | beurre ou beurre clarifié |
Bouillon : gîte 500 g | 3–4 os à moelle | 5 carottes | 1 poireau | 1 tête de céleri |
1/4 de chou | sel, poivre, muscade | ciboulette

Crêpes : Mélanger dans une terrine la farine et le lait pour obtenir une pâte liquide et lisse. Ajouter les œufs et le sel et bien mélanger à nouveau.

Mettre une noix de beurre ou de graisse dans une poêle très chaude, verser la pâte dans la poêle par petites portions pour former de très fines crêpes jusqu'à épuisement de la pâte. Rouler les crêpes et couper en fines lanières.

Bouillon : Laver, nettoyer et couper menus les carottes, le poireau, le céleri et le chou. Puis mettre les légumes, la viande et les os à moelle dans une marmite de 2 l d'eau. Porter à ébullition puis laisser mijoter 3 à 4 heures. Retirer la viande et les os et tamiser le bouillon dans une soupière.

Il est aussi possible de préparer un bouillon avec du persil, du chou, du céleri et des carottes.

Assaisonner le bouillon avec du sel, du poivre et de la muscade. Ajouter les lanières de crêpes au bouillon chaud et servir avec de la ciboulette hachée.

ALLGÄUER KÄSESUPPE
Allgäu cheese soup | Potage de l'Allgäu au fromage

Fleischbrühe: 500 g Siedfleisch | 3–4 Markknochen | 5 Gelbe Rüben | 1 kleine Sellerie | 1/4 Kopf Weißkraut | 1 Stange Lauch | Salz, Pfeffer, Muskat | **Käsesuppe:** 200 g Emmentaler Käse | 1 Eigelb | etwas Milch oder Sahne | 50 g Butter | 50 g Mehl | Salz, Pfeffer | 1 Prise Zucker | **Kräutercroûtons:** Schnittlauch und Petersilie | 2 Scheiben Weißbrot | 20 g Butter

Für die Fleischbrühe das Siedfleisch, das Gemüse und die Markknochen in 2 Liter Wasser aufkochen und anschließend 3 bis 4 Stunden vor sich hin köcheln lassen.

Knochen und Siedfleisch entfernen. Brühe durch ein Sieb in einen anderen Topf gießen und mit Salz, Pfeffer und Muskat abschmecken.

Anschließend reibt man den Käse. Dann wird das Eigelb mit etwas Milch oder Sahne verquirlt. Die Butter wird zerlassen, das Mehl darin eingerührt und mit der Fleischbrühe aufgegossen. Alles aufkochen lassen, dann den Käse nach und nach zugeben und so lange rühren, bis er zerschmolzen ist. Nun wird die Suppe vom Herd genommen und mit dem verquirlten Eigelb legiert. Mit Salz, Pfeffer und Zucker abschmecken. Nicht mehr aufkochen lassen.

Für die Kräutercroûtons Schnittlauch und Petersilie gründlich waschen und klein-schneiden. Dann das Weißbrot würfeln und zusammen mit den Kräutern in Butter goldgelb anbraten. Vor dem Servieren auf die Suppe ge-ben und nach Belieben mit fein geschnittenem Schnittlauch bestreuen.

Broth: 500 g boiled beef | 3–4 marrow bones | 5 carrots | 1 small celeriac | 1/4 white cabbage | 1 leek | salt, pepper, nutmeg | chives | **Cheese soup:** 200 g Emmental cheese/ 1 egg yolk | some milk or cream | 50 g butter | 50 g flour | salt, pepper | 1 pinch of sugar | **Herb croutons:** Chives and parsley | 2 slices of white bread | 20 g butter

For the broth, place the beef, vegetables and bones in a large pot, boil them in 2 litres of water and then simmer for 3 to 4 hours.

Remove the bones and boiled beef. Pour the broth through a sieve into another pot and season to taste with salt, pepper and nutmeg.

Then grate the cheese. Beat the egg yolk with some milk or cream. Melt the butter, stir in the flour and pour on the broth. Bring everything to the boil then slowly add the cheese and stir until it has melted. Now remove the soup from the heat and thicken with the beaten egg. Season to taste with salt, pepper and sugar. Do not allow it to boil.

For the herb croutons, thoroughly wash the chives and parsley and chop them finely. Then dice the bread and fry to a golden brown in butter together with the herbs. Before serving, put them on the soup and scatter with finely chopped chives as required.

Bouillon : bouilli de boeuf 500 g | 3–4 os à moelle | 5 carottes | 1 petit céleri | 1/4 de chou blanc | 1 poireau | sel, poivre, muscade | **Potage au fromage :** Emmental 200 g | 1 jaune d'œuf | lait ou crème | beurre 50 g | farine 50 g | sel, poivre | sucre 1 pincée | **Croûtons :** ciboulette et persil | 2 tranches de pain de mie | beurre 20g

Bouillon : Mettre les légumes, la viande et les os à moelle dans une marmite de 2 l d'eau. Porter à ébullition puis laisser mijoter 3 à 4 heures.

Enlever les os et la viande. Tamiser le bouillon dans un autre récipient, saler, poivrer et ajouter la muscade.

Râper le fromage. Mélanger le jaune d'œuf à un peu de lait ou de crème. Faire fondre le beurre, lui mélanger la farine et ajouter le tout au bouillon. Porter à ébullition et ajouter peu à peu le fromage jusqu'à ce qu'il soit fondu.

Eloigner la casserole de la plaque et lier avec le jaune d'œuf battu. Saler, poivrer et ajouter une prise de sucre. Ne plus porter à ébullition.

Pour les croûtons, bien laver et hacher la ciboulette et le persil. Couper le pain en dés et les faire dorer au beurre dans une poêle. Ajouter au bouillon et servir avec de la ciboulette hachée.

ALBLINSEN UND SPÄTZLE

Jura lentils with Spätzle | Lentilles du jura et spaetzle

Linsen: 400 g Alblinsen | 1 kleine Zwiebel | 200 g Bauchspeck | 40 g Mehl | 40 g Schmalz | Salz, Pfeffer | 4 Saitenwürstle | **Spätzle:** 500 g Mehl | 5–6 Eier | 1 TL Salz | 1/8 bis 1/4 l Wasser

D ie Linsen schon am Vortag waschen und über Nacht einweichen.

Am Tag der Zubereitung wird zunächst die Zwiebel geschält, fein geschnitten, in heißem Fett angeschwitzt und mit dem Bauchspeck in heißem Wasser weich gekocht. Währenddessen werden die Linsen in einem separaten Topf ebenfalls weich gekocht.

In der Zwischenzeit fertigt man eine Mehlschwitze zum Andicken an. Dazu röstet man das Mehl in Schmalz dunkelbraun, löscht es mit etwas Linsenkochwasser ab und gibt es umgehend zu den Linsen, anschließend auch Bauchspeck und Zwiebeln. Mit Salz und Pfeffer abschmecken.

Für die Spätzle Mehl, Eier, Salz und Wasser in eine Schüssel geben und mit einem Kochlöffel kräftig schlagen, bis der Teig Blasen wirft. Einen Teil des Teiges auf ein nasses Spätzlebrett streichen und mit einem Spätzleschaber oder einem breiten Messer schmale Streifen in kochendes Salzwasser schaben. Alternativ kann man auch eine Spätzlepresse benutzen. Einmal schaumig aufkochen lassen, dann mit einem Schaumlöffel herausnehmen und in einem Sieb kurz mit kaltem Wasser abspülen. Im Backofen warm stellen.

Zum Schluss die Saitenwürstle in einem Topf mit heißem Wasser erwärmen und das Ganze mit den Spätzle servieren.

Lentils: 400 g Jura lentils | 1 small onion | 200 g streaky bacon | 40 g flour | 40 g dripping | salt, pepper | 4 Vienna or Frankfurter sausages | **Spätzle:** 500 g flour | 5–6 eggs | 1 tsp salt | 1/8 to 1/4 l water

Wash the lentils the day before and let them soften overnight.

On the day of preparation, first peel the onion and chop it finely, sweat it in hot fat and then boil it to softness in hot water, together with the streaky bacon. During this time, cook the lentils in a separate pot until they are soft.

Also, create a roux for thickening. To do this, fry the flour in the dripping until it is dark brown, add some of the cooking water from the lentils and then add it to the lentils, along with the streaky bacon and onions. Season to taste with salt and pepper.

For the Spätzle, place flour, eggs, salt and water in a bowl and mix thoroughly with a wooden spoon until the dough starts to bubble. Spread some of the dough on a wet Spätzle board and, using a Spätzle cutter or a broad knife, scrape small strips into boiling salted water. Alternatively, you can use a Spätzle press. Let them rise to the surface, then remove them with a slotted spoon and briefly rinse them off in a sieve with cold water. Keep warm in the oven.

Finally, heat up the sausages in a pot of hot water and serve with Spätzle.

Lentilles : lentilles du Jura 400 g | 1 petit oignon | lard 200 g | farine 40 g | saindoux 40 g | sel, poivre | 4 saucisses de Francfort | **Spaetzle :** farine 500 g | 5–6 œufs | sel 1 Cc | eau 12 à 25cl

Lentilles : La veille, laver les lentilles et les faire tremper une nuit dans de l'eau.

Le jour du repas, éplucher et hacher les oignons, les faire revenir dans du saindoux et les faire cuire ensuite dans de l'eau avec le lard finement coupé. Pendant ce temps, faire cuire les lentilles dans un récipient distinct.

Préparer un roux : Faire brunir la farine dans le saindoux, ajouter un peu d'eau de cuisson des lentilles, y verser les lentilles et ajouter le lard et l'oignon. Saler et poivrer.

Spaetzle : Dans une terrine, battre vivement à la cuillère en bois la farine, les œufs, le sel et l'eau jusqu'à formation de bulles. Etendre un peu de pâte sur une planchette mouillée et racler dans de l'eau salée bouillante de fines lamelles de pâte à l'aide d'un racloir à spaetzle ou d'un large couteau. Il est aussi possible d'utiliser une presse à spaetzle. Faire bouillir jusqu'à la formation d'écume puis les sortir avec une écumoire et réserver dans une passoire après les avoir rincées brièvement à l'eau froide. Réserver dans un four chaud.

Enfin, réchauffer les saucisses dans de l'eau chaude. Servir le tout avec les spaetzle.

KARTOFFELSALAT MIT FLEISCHKÜCHLE

Potato salad with meat patties | Salade de pommes de terre et boulettes de viande

Kartoffelsalat: 1 kg Kartoffeln | 2 mittelgroße Zwiebeln | 1/2 Liter kräftig gewürzte Fleisch- oder Hühnerbrühe | 1–2 EL Essig | 1–2 EL Salatöl | Salz, Pfeffer, Senf | **Fleischküchle:** 600 g gemischtes Hackfleisch | 2 alte Weckle | 2 mittelgroße Zwiebeln | 1 Bund Petersilie | 2 Eier | Salz, Pfeffer, Paprika edelsüß

F ür den Salat die Kartoffeln weich kochen, schälen, in dünne Rädle schneiden und mit den fein gehackten Zwiebeln in eine große Schüssel geben.

Gut die Hälfte der warmen Brühe darüber gießen, mischen und rund 10 Minuten ziehen lassen. Nun ist Fingerspitzengefühl gefragt: Der Salat soll zwar schön feucht sein, aber die Kartoffelrädle sollten nicht in der Brühe ersäuft werden. Daher gießt man so oft von der warmen Brühe nach, bis man die gewünschte »Schmatzigkeit« erreicht hat.

Anschließend Essig und Öl zugeben, Salz, Pfeffer und etwas Senf. Warm servieren.

Für die Fleischküchle zunächst die Weckle in Wasser einweichen, gut ausdrücken, zerkleinern und in eine Schüssel geben. Zwiebeln und Petersilie fein schneiden, mit den Eiern und dem Hackfleisch zu den zerkleinerten Weckle in die Schüssel geben. Kräftig durchkneten. Dabei nach und nach mit Salz, Pfeffer und Paprika würzen.

Aus dem Fleischteig ovale Fleischküchle formen, die in der Pfanne in heißem Öl knusprig gebraten werden. Bis zum Servieren bei rund 100° C im Backofen warm halten. Dazu passt Rote-Rüben-Salat.

Potato salad: 1 kg potatoes | 2 medium-sized onions | 1/2 litre of strongly seasoned meat or chicken stock | 1–2 tbsp vinegar | 1–2 tbsp oil | salt, pepper, mustard |
Meat patties: 600 g mixed mince meat | 2 old bread rolls | 2 medium-sized onions | 1 bunch parsley | 2 eggs | salt, pepper, sweet paprika

For the salad, boil the potatoes until soft, peel them, cut them into thin slices and put them in a bowl with the finely chopped onions.

Pour half of the hot stock over them, mix and leave for around 10 minutes. Now, caution is required: The salad should be moist but the slices of potato should not drown in the stock. Thus, add hot stock until the salad has the desired "slurpiness".

Then add vinegar and oil and season to taste with salt, pepper and some mustard. Serve warm.

For the patties, first soften the bread in water, squeeze them out, cut them up and place them in a bowl. Chop the onions and parsley finely, then add them to the cut-up bread in a bowl, together with the eggs and mince. Mix thoroughly. Season as required with salt, pepper and paprika.

From the meat mixture, create oval patties and then fry them in a frying pan until crisp on the outside. Keep them warm in the oven at around 100° C until serving. Beetroot salad is a fine accompaniment.

Salade : pommes de terre 1 kg | 2 oignons moyens | bouillon épicé viande ou volaille 50 cl | vinaigre 1–2 Cs | huile 1–2 Cs | sel, poivre, moutarde | **Boulettes :** hachis porc/bœuf 600 g | 2 petits pains rassis | 2 oignons moyens | 1 bouquet de persil | 2 œufs | sel, poivre, piment doux en poudre

Faire cuire les pommes de terre, les éplucher, les couper en fines rondelles, les mettre dans un saladier, et les mélanger aux oignons finement hachés.

Ajouter la moitié du bouillon, mélanger et laisser reposer 10 minutes. La suite demande du doigté : la salade doit être suffisamment humide mais les rondelles de pommes de terre ne doivent pas être noyées. Ajouter peu à peu autant de bouillon chaud jusqu'à ce que la consistance désirée soit obtenue.

Ajouter ensuite le vinaigre et l'huile, saler, poivrer, ajouter un peu de moutarde et servir chaud.

Boulettes : Amollir les petits pains dans de l'eau, bien les presser et les émietter dans une terrine. Hacher finement les oignons et le persil et ajouter à la terrine avec les œufs et le hachis. Saler, poivrer et ajouter la poudre de piment doux.

Avec cette masse, former des boulettes ovales et les faire revenir à l'huile dans une poêle. Réserver au four à 100° C jusqu'au moment de servir. Elles peuvent aussi accompagner une salade de betteraves rouges.

SAURE KUTTELN MIT BRATKARTOFFELN

Pickled tripe with fried potatoes | Tripes vinaigrées et pommes rissolées

Kutteln: 800 g vorgegarte Kutteln vom Metzger | 1 große Zwiebel | 2 EL Mehl | 2 EL Butterschmalz | 1 l Fleischbrühe | Wacholderbeeren | 2 Lorbeerblätter | 1/8 Liter Weißwein | 1 Prise Zucker | Schwarzer Pfeffer, Salz | 3–4 EL Weinessig | **Bratkartoffeln:** 4 Pellkartoffeln vom Vortag | 2–3 EL Butterschmalz | 1 mittelgroße Zwiebel | Salz

Zunächst werden die Kutteln in Streifen geschnitten und die vorbereitete Fleischbrühe aufgewärmt. Dann werden die Zwiebeln geschält, in kleine Würfel geschnitten und mit dem Butterschmalz glasig angedünstet. Anschließend das Mehl hinzugeben, etwas anbräunen lassen und mit der warmen Fleischbrühe nach und nach unter Rühren ablöschen. Die Kutteln, die Wacholderbeeren, die Lorbeerblätter, den Zucker und den Wein zugeben und etwa 20 Minuten leicht köcheln lassen, bis die Kutteln weich, aber noch bissfest sind. Dann gibt man den Weinessig hinzu und schmeckt mit Pfeffer und Salz ab.

Für die Bratkartoffeln schält man die Kartoffeln vom Vortag und schneidet sie in nicht zu feine Scheiben. Dann die Zwiebel schälen, in kleine Würfel schneiden und mit dem Butterschmalz glasig andünsten. Anschließend die Kartoffelscheiben hinzugeben und kräftig anbräunen, bis sie schön goldbraun sind. Zwischendurch mit Salz abschmecken.

Mit den Kutteln auf vorgewärmten Tellern anrichten und heiß servieren.

Tripe: 800 g precooked tripe from the butcher | 1 large onion | 2 tbsp flour | 2 tbsp clarified butter | 1 l stock | juniper berries | 2 bay leaves | 1/8 litre white wine | 1 pinch sugar | black pepper, salt | 3–4 tbsp wine vinegar | **Fried potatoes:** 4 boiled potatoes from previous day | 2–3 tbsp clarified butter | 1 medium-sized onion | salt

Firstly, cut the tripe into strips and warm up the prepared stock. Then peel and dice the onions and fry them in the clarified butter until glassy. Add the flour, brown it a bit and then add the warm stock whilst stirring. Add the tripe, juniper berries, bay leaves, sugar and wine and then simmer for around 20 minutes until the tripe is soft but still al dente. Then add the wine vinegar and season to taste with pepper and salt.

For the fried potatoes, peel the potatoes and cut them into slices, which are not too thin. Then peel and dice the onions and fry them in the clarified butter until glassy. Then add the sliced potatoes and fry them until they are golden brown. Season with salt.

Serve hot with the tripe on warmed plates.

Tripes : tripes précuites 800 g | 1 gros oignon | farine 2 Cs | beurre clarifié 2 Cs | 1 l bouillon de viande | baies de genévrier | 2 feuilles de laurier | vin blanc 12,5 cl | sucre 1 pincée | poivre noir et sel | vinaigre 3–4 Cs | **Pommes rissolées :** 4 pommes de terre non épluchées de la veille | beurre clarifié 2–3 Cs | 1 oignon moyen | sel

Couper les tripes en lanières et réchauffer le bouillon de viande. Eplucher les oignons et les couper en petits dés. Les faire revenir dans le beurre clarifié. Ajouter la farine et faire brunir légèrement puis verser peu à peu le bouillon en remuant. Ajouter les tripes, les baies de genévrier, les feuilles de laurier, le sucre et le vin et faire mijoter environ 20 minutes jusqu'à ce que les tripes soient tendres mais aient encore du mordant. Ajouter le vinaigre, saler et poivrer.

Pommes rissolées : Eplucher les pommes de terre de la veille et les couper en rondelles pas trop fines. Eplucher les oignons, les couper en petits dés et les faire revenir dans le beurre. Ajouter ensuite les pommes de terre et les faire dorer. Saler en cours de cuisson.

Dresser sur des assiettes chaudes et servir aussitôt.

ZWIEBELROSTBRATEN MIT SPÄTZLE

Rump steak with onions and Spätzle | Romsteak aux oignons et spaetzle

Spätzle: 250 g Mehl | 2 Eier | Salz | etwas Wasser oder Milch | **Zwiebelrostbraten:** 4 Scheiben Rostbraten oder Rumpsteak vom Bœuf de Hohenlohe | Pfeffer, Salz | 2 große Zwiebeln | Fett zum Anbraten | 1 Schuss Rotwein | etwas brauner Kalbsfond oder Brühe | 2–3 EL Sahne oder 1–2 TL Speisestärke

Für die Spätzle aus allen Zutaten einen festen, glatten Teig zubereiten, den man so lange schlägt, bis er Blasen wirft. Auf das nasse Spätzlebrett einen Teil des Teiges streichen und mit einem breiten Messer schmale Streifen in kochendes Salzwasser schaben. Einmal schaumig aufkochen lassen, dann mit einem Drahtlöffel herausnehmen, in einem Sieb kurz mit kaltem Wasser abspülen und warm stellen. Restlichen Teig analog verarbeiten.

Für den Zwiebelrostbraten die Zwiebeln schälen und in Ringe schneiden. In einer Pfanne im Öl gut anbräunen. Aus der Pfanne nehmen, abtropfen lassen und im Backofen warm stellen.

Das Fleisch mit etwas Öl marinieren und etwa 20 Minuten ruhen lassen, dann in einer Pfanne mit heißem Fett kurz scharf anbraten, danach im vorgeheizten Ofen fertig garen. Für die Sauce den Kalbsfond (oder die Brühe) zum Fleischsaft in die Pfanne geben, Rotwein hinzugeben und kurz aufkochen. Etwas Sahne oder etwas (in Wasser gelöste) Speisestärke einrühren und nochmals kurz aufkochen lassen. Mit Pfeffer und Salz abschmecken. Das Fleisch vor dem Servieren mit Salz und Pfeffer würzen und die Zwiebeln hinzugeben.

Spätzle: 250 g flour | 2 eggs | salt | some water or milk | **Steak with onions:** 4 rump or sirloin steaks (ideally Bœuf de Hohenlohe) | pepper, salt | 2 large onions | fat for frying | 1 dash of red wine | some brown stock | 2–3 tbsp cream or 1–2 tsp starch

For the Spätzle, mix all the ingredients into a smooth, stiff dough until it bubbles. Spread some of the dough onto the wet Spätzle board and, using a broad knife, scrape thin strips into boiling salt water. Let them rise to the surface, then remove them with a slotted spoon and briefly rinse them off in a sieve with cold water. Process the remaining dough in the same way.

For the steaks, peel the onions and cut them into rings. Brown them well in a frying pan. Remove them from the pan, drain them and keep them warm in the oven.

Marinate the meat in some oil and then let it rest for around 20 minutes, then, with the pan and fat at a high heat, fry briefly before placing it in the preheated oven to finish cooking. For the sauce, add the stock and the meat juices to the pan, add the red wine and bring to the boil briefly. Stir in some cream or starch (dissolved in water) and bring to the boil again. Season to taste with salt and pepper. Before serving, season the meat with salt and pepper and add the onions.

Spaetzle : farine 250 g | 2 œufs | sel | eau ou lait | **Romsteak :** 4 tranches de romsteak (bœuf de Hohenlohe) | poivre, sel | 2 gros oignons | graisse | un peu de vin rouge | un peu de fond de sauce brun | crème 2–3 Cs ou épaississant 1–2 Cc

Spaetzle : Dans une terrine battre la farine, les œufs, le sel et l'eau jusqu'à formation de bulles. Etendre un peu de pâte sur une planchette mouillée et racler dans de l'eau salée bouillante de fines lamelles de pâte à l'aide d'un large couteau. Faire bouillir jusqu'à la formation d'écume puis les sortir avec une écumoire et réserver dans une passoire après les avoir rincées brièvement à l'eau froide, réserver au chaud. Répéter jusqu'à épuisement de la pâte.

Romsteak : Eplucher les oignons et couper en anneaux. Les faire revenir et bien brunir dans de l'huile. Sortir de la poêle, égoutter et réserver dans le four chaud.

Mariner la viande dans un peu d'huile et laisser reposer environ 20 minutes puis faire revenir brièvement à feu vif dans une poêle et terminer la cuisson dans le four préchauffé. Ajouter le fond de sauce au jus de cuisson puis le vin rouge et faire bouillir brièvement. Ajouter l'épaississant mélangé à un peu d'eau ou la crème et porter à ébullition. Saler et poivrer. Avant de la servir, saler et poivrer la viande et ajouter les oignons.

SCHLACHTPLATTE MIT FILDERKRAUT
Butcher's plate with Filder cabbage | Choucroute garnie

4 Scheiben Schweinebauch, z. B. vom Schwäbisch-Hällischen Landschwein | 4 Leberwürstchen |
4 Blutwürstchen | 1 kg Filderkraut | 1 große Zwiebel | 1 rohe geschälte und geriebene Kartoffel |
1 geschälter und geriebener Apfel | 6–8 Wacholderbeeren | 2 Lorbeerblätter | 1/4 l Fleischbrühe |
Schweineschmalz

Zunächst wird die Zwiebel geschält und fein geschnitten. Dann zerlässt man das Schweineschmalz in einem großen Topf und dünstet darin die Zwiebel, bis sie glasig ist. Anschließend wird das Sauerkraut mit einer Gabel etwas auseinander gezupft, in den Topf gegeben und mit der Brühe so weit aufgefüllt, dass es bedeckt ist.

Dann werden die geriebene Kartoffel und der geriebene Apfel, die Wacholderbeeren und die Lorbeerblätter beigefügt und man lässt das Ganze auf niedriger Flamme etwa eine Dreiviertelstunde köcheln.

Bei Bedarf wird nochmals ein klein wenig Brühe aufgefüllt. Dann die Schweinebauchscheiben zugeben und weitere 45 Minuten garen lassen.

Danach die Leber- und die Blutwürstchen vorsichtig im Kraut erhitzen. Der Vorgang sollte nur kurze Zeit dauern und bei niedriger Temperatur ausgeführt werden, damit die Würstchen nicht platzen.

Zuletzt wird das Kraut mit dem Schweinebauch und den Würstchen angerichtet.

Dazu reicht man frisches Bauernbrot oder Spätzle. Es passen aber auch Kartoffelbrei oder Bratkartoffeln.

🇬🇧 4 slices of pork belly, e. g. from the Schwäbisch-Hällisches Landschwein | 4 liver sausages | 4 blood sausages | 1 kg (Filder) pickled cabbage | 1 large onion | 1 raw peeled and grated potato | 1 peeled and grated apple | 6–8 juniper berries | 2 bay leaves | 1/4 l stock | pork dripping

Firstly, peel and finely chop the onion. Melt the pork dripping in a large saucepan and fry the onion until glassy. Then, using the fork, separate out the pickled cabbage, place it in a saucepan and fill the pan up with stock until the cabbage is covered.

Then, add the grated potato and apple, the juniper berries and the bay leaves and simmer for three quarters of an hour at a low heat.

If necessary, add a little more stock. After this, add the slices of belly pork and let cook for a further 45 minutes.

Then carefully heat up the liver and blood sausages in the cabbage This should not take very long and should be at a low heat to ensure the sausages do not burst.

Finally, serve the cabbage, belly pork and sausages on a platter.

Fresh country bread or Spätzle are an ideal accompaniment. However, mashed or fried potatoes also work well.

🇫🇷 4 tranches de poitrine de porc, p. ex. de pie noir de Schwaebisch Hall | 4 saucisses de foie | 4 petits boudins | 1 kg choucroute | 1 gros oignon | 1 pomme de terre crue pelée et râpée | 1 pomme pelée et râpée | 6–8 baies de genévrier | 2 feuilles de laurier | bouillon de viande 250 ml | saindoux

Eplucher et hacher l'oignon. Chauffer le saindoux dans une marmite et y faire revenir les oignons. Aérer la choucroute à l'aide d'une fourchette et ajouter dans la marmite puis la couvrir de bouillon de viande.

Ajouter ensuite la pomme de terre et la pomme râpées, les baies et les feuilles de laurier puis faire mijoter à faible température pendant 45 minutes.

Au besoin, ajouter un peu de bouillon. Ajouter les tranches de porc et continuer la cuisson pendant 45 minutes.

Réchauffer avec précaution les saucisses dans la choucroute. Ceci doit être fait de façon courte et à basse température pour éviter qu'elles n'éclatent.

Présenter la choucroute dans un plat avec le porc et les saucisses.

Accompagner de tranches de pain de campagne frais, de spaetzle ou bien de purée de pommes de terre ou même de pommes de terre rissolées.

MAULTASCHEN IN DER BRÜHE
Maultaschen in broth | Ravioles en bouillon

Fleischbrühe: 500 g Siedfleisch | 3–4 Markknochen | 5 Gelbe Rüben | 1 kleine Sellerie | 1/4 Kopf Weißkraut | 1 Stange Lauch | Salz, Pfeffer, Muskat | **Maultaschenteig:** 250 g Mehl | 2 Eier | Öl | **Maultaschenfüllung:** 250 g gemischtes Hackfleisch | 200 g Kalbsbrät | 2 Eier | 1 Bund Petersilie | Salz, Pfeffer, Muskat

F ür die Fleischbrühe das Gemüse mit dem Siedfleisch und den Markknochen in einem großen Topf aufkochen, dann 3 bis 4 Stunden köcheln lassen. Danach die Markknochen und das Siedfleisch entfernen und die Brühe durch ein Sieb abgießen. Mit Salz, Pfeffer und Muskat abschmecken.

Zur Zubereitung der Maultaschen aus Mehl, Eiern und Öl einen festen Teig kneten, den man, wenn er die richtige Konsistenz – nicht zu trocken und nicht zu klebrig – erreicht hat, in Frischhaltefolie 20 bis 30 Minuten im Kühlschrank ruhen lässt.

Für die Füllung vermischt man die Eier, nachdem man sie gut verquirlt hat, mit Hackfleisch und Brät. Petersilie fein schneiden, zu der Fleischmasse geben. Mit Salz, Pfeffer und Muskat würzen und gut vermischen.

Nudelteig auf einer ganz leicht bemehlten Arbeitsplatte mit einem Nudelholz dünn auswellen und in längliche Streifen schneiden. Füllmasse in kleinen Häufchen auf die untere Hälfte der Teigstreifen setzen, die obere Hälfte darüberklappen und an den Rändern festdrücken.

Rund 10 Minuten in der Brühe köcheln lassen.

Broth: 500 g boiled beef | 3–4 marrow bones | 5 carrots | 1 small celeriac | 1/4 white cabbage | 1 leek | salt, pepper, nutmeg | chives | **Maultaschen dough:** 250 g flour | 2 eggs | oil | **Maultaschen filling:** 250 g mixed mince meat | 200 g veal sausage meat | 2 eggs | 1 bunch of parsley | salt, pepper, nutmeg

To make the broth, boil up the vegetables with the beef and bones in a large pot and then simmer for 3 to 4 hours. Then remove the bones and meat and pass the broth through a sieve. Season to taste with salt, pepper and nutmeg.

To prepare the Maultaschen, form a firm dough from flour, eggs and oil. When it has reached the right consistency - not too dry but not too sticky - let it rest for 20 to 30 minutes in the fridge, wrapped in clingfilm.

For the filling, beat the eggs and mix them with the mince and sausage meat.

Finely chop the parsley and add it to the meat mixture. Season with salt, pepper and nutmeg and mix well.

On a lightly floured work surface, roll out the pasta dough thinly with a rolling pin and cut it into lengthwise strips. Place small heaps of the filling on the lower half of the dough strips, fold the top half over it and press down the edges.

Simmer in the broth for around 10 minutes.

🇫🇷 **Bouillon :** bouilli de bœuf 500 g | 3–4 os à moelle | 5 carottes | 1 petit céleri | petit chou 1/4 | 1 poireau | sel, poivre, muscade | **Pâte à raviole :** farine 250 g | 2 œufs | huile | **Farce :** hachis bœuf/porc 250 g | chair à saucisse de veau 200 g | 2 œufs | 1 bouquet de persil | sel, poivre, muscade

Bouillon : Mettre les légumes, la viande et les os dans une marmite et porter à ébullition puis laisser mijoter pendant 3 à 4 heures. Retirer les os et la viande et tamiser le bouillon. Saler, poivrer et ajouter la muscade.

Ravioles : Pétrir une pâte assez ferme avec la farine, les œufs et l'huile. Lorsque la pâte a la consistance voulue, ni trop sèche ni trop collante, l'envelopper dans un film culinaire et laisser reposer 20 à 30 min. au réfrigérateur.

Farce : Mélanger les œufs battus au hachis et à la chair à saucisse et ajouter le persil

finement haché, saler, poivrer saupoudrer de muscade et bien malaxer.

Abaisser au rouleau la pâte sur la surface de travail légèrement enfarinée pour obtenir une fine couche de pâte. La couper en rectangles. Placer une cuillerée de farce sur une moitié de chaque rectangle puis replier la pâte sur la farce en pressant bien les bords.

Faire mijoter environ 10 minutes dans le bouillon.

SCHWÄBISCHER ZWIEBELKUCHEN
Swabian onion cake | Tarte aux oignons souabe

Zutaten für eine Backform mit 30 cm Durchmesser: 1/2 Würfel frische Hefe | 1/2 TL Zucker | 120 ml Milch | 300 g Mehl | 1/2 TL Salz | 20 g weiche Butter | Butter für die Form | 1 kg Zwiebeln | 40 g Butter | 80 g geräucherte Speckwürfel | 30 g Mehl | 250 g Sauerrahm | 250 g Sahne | 3 Eigelb | 1 Ei | Salz, Muskat | 1–2 TL Kümmel

Zunächst zerbröselt man die Hefe und löst sie mit 1 Prise Zucker in 5 EL lauwarmer Milch auf. Dann mit 2 EL Mehl zu einem Vorteig verrühren und 10 Minuten gehen lassen. Anschließend mit dem restlichen Mehl, der restlichen Milch sowie dem Salz zu einem glatten Teig kneten. Zum Schluss die weiche Butter unterkneten. Den Teig zugedeckt an einem warmen Ort etwa 30 Minuten gehen lassen.

Den Teig auf einer bemehlten Arbeitsplatte ausrollen. Die Backform mit Butter ausstreichen und den Teig so in die Form einlegen, dass er an den Rändern noch übersteht.

Die Zwiebeln schälen und würfeln, in einem Topf mit Butter andünsten. Speckwürfel hinzugeben, mit dem Mehl bestäuben und bei mittlerer Hitze anschwitzen lassen. Den Sauerrahm zugießen, gut verrühren und kurz die Hitze erhöhen. Die Sahne steif schlagen, 2 EL davon zu den Zwiebeln geben. Die Eigelbe, das Ei und die Gewürze unterrühren, zum Schluss die restliche Sahne. Dann nochmals abschmecken.

Den Backofen auf 190° C (Umluft 170° C) vorheizen. Die Zwiebelmasse in die mit dem Hefeteig ausgelegte Form geben. Etwa 45 Minuten backen.

Ingredients for a baking tin of 30 cm diameter: 1/2 cube of fresh yeast | 1/2 tsp sugar | 120 ml milk | 300 g flour | 1/2 tsp salt | 20 g soft butter | butter for the tin | 1 kg onions | 40 g butter | 80 g diced smoked bacon | 30 g flour | 250 g sour cream | 250 g cream | 3 egg yolks | 1 egg | salt, nutmeg | 1–2 tsp caraway seeds

Firstly, crumble the yeast into 5 tbsp lukewarm milk, along with a pinch of sugar. Then add 2 tbsp of flour and mix into a yeast sponge and allow it to rise for 10 minutes. Next, add the remaining flour and milk and the salt and knead into a smooth dough. Finally, mix in the soft butter. Leave the dough in a warm place for around 30 minutes to prove.

Roll out the pastry on a floured work surface. Grease the baking tin with butter and place the dough in the tin in such a way that it overlaps the edges.

Peel and dice the onions and sweat them in a saucepan with some butter. Add the diced bacon, dust with flour and sweat at a medium heat. Add the sour cream, mix well and briefly increase the heat. Whisk the cream to the stiff peak stage and add 2 tbsp to the onions. Add the egg yolks, whole egg and the seasoning and finally the remaining cream. Check the seasoning again.

Preheat the oven to 190° C (170° C with air circulation). Pour the onion mixture into the tin lined with the pastry. Bake for around 45 minutes.

Pour un moule de 30 cm : levure fraîche 1/2 cube | sucre 1/2 Cc | lait 120 ml | farine 300 g | sel 1/2 Cc | beurre 20 g | beurre pour le moule | oignons 1 kg | beurre 40 g | dés de lard fumé 80 g | farine 30 g | crème aigre 250 g | crème fraîche liquide 250 g | 3 jaunes d'œuf | 1 œuf | sel, muscade | grains de cumin 1–2 Cc

Ecraser la levure et la diluer dans 5 Cs de lait chaud avec une pincée de sucre. Ajouter 2 Cs de farine. Laisser reposer ce levain 10 minutes. Y mélanger le reste de farine, de lait et le sel en une pâte lisse. Y ajouter le beurre. Recouvrir et laisser lever au chaud pendant 30 minutes.

Abaisser au rouleau sur une surface de travail enfarinée. Enduire le moule de beurre et y placer la pâte en dépassant légèrement le bord.

Eplucher et couper menus les oignons et les faire revenir au beurre dans une casserole. Ajouter les dés de lard et saupoudrer de farine.

Faire revenir à chaleur moyenne. Ajouter la crème aigre, bien mélanger et augmenter brièvement la température de cuisson. Fouetter la crème liquide, en prendre 2 cuillères à soupe et les ajouter aux oignons. Y mélanger les jaunes d'œufs, l'œuf et l'assaisonnement et ajouter le reste de crème liquide. Rectifier l'assaisonnement.

Préchauffer le four à 190° C (chaleur tournante 170° C) Verser la garniture dans le moule et cuire pendant 45 minutes.

NONNENFÜRZLE
Nonnenfürzle | Pets de nonne

1 l Milch | 70–80 g Butter | 250 g Mehl | 1 TL Backpulver | 4 Eier | 40–50 g Zucker | 1 Prise Salz | geriebene Schale von 1 Zitrone | Backfett oder Pflanzenöl zum Ausbacken

Milch, geriebene Zitronenschale, Butter, Salz und Zucker in einen Topf geben und aufkochen lassen. Anschließend das Mehl hinzufügen und so lange kräftig rühren, bis sich die Teigmasse vom Topf löst. Dann gibt man sie in einen anderen Topf und lässt sie etwas abkühlen.

Anschließend werden die Eier verquirlt und zusammen mit dem Backpulver mit dem Teig vermengt. Nachdem man diesen gut verrührt hat, sticht man mit einem Teelöffel Teigstückchen ab und lässt sie in etwa 180° C heißem Fett schwimmend backen, bis sie schön gold-

gelb sind. Dann werden die Nonnenfürzle kurz auf ein Stück Küchenrolle gelegt, um das Fett aufzusaugen, und anschließend mit Puderzucker bestreut.

Süße Leckermäuler und alle, die es gerne etwas habhafter mögen, servieren zu den Nonnenfürzle Chaudeau-Sauce, Apfelbrei, Eis, Sahne und/oder Früchte bzw. Fruchtsauce.

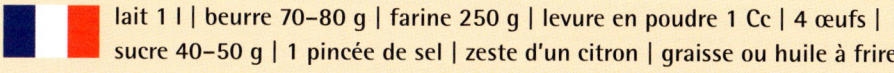 1 l milk | 70–80 g butter | 250 g flour | 1 tsp baking powder | 4 eggs | 40–50 g sugar | 1 pinch of salt | grated zest of 1 lemon | baking fat or vegetable oil for frying

Place the milk, grated lemon zest, butter, salt and sugar in a saucepan and bring to the boil. Then add the flour and stir well until the dough comes away from the saucepan. Next, place it in another pan and let it cool somewhat.

Beat the eggs and, together with the baking powder, mix it into the dough. When this has been well stirred, break off pieces of the dough using a teaspoon and deep fry them in fat at about 180° C until they are a bright golden yellow. Then place the Nonnenfürzle on a piece of kitchen towel to soak up the grease and finally dust them with icing sugar.

Those of a sweet tooth and those wanting something more hearty serve the Nonnenfürzle with sabayon, puréed apple, ice cream, cream and/or fruits or fruit sauce.

lait 1 l | beurre 70–80 g | farine 250 g | levure en poudre 1 Cc | 4 œufs | sucre 40–50 g | 1 pincée de sel | zeste d'un citron | graisse ou huile à frire

Dans une casserole, porter à ébullition le lait, le zeste de citron, le beurre, le sel et le sucre. Y ajouter la farine et mélanger vivement jusqu'à ce que la pâte se détache de la casserole. La changer de récipient et laisser tiédir.

Battre les œufs, y ajouter la levure en poudre et mélanger à la pâte. Lorsque tout est homogène, prendre un peu de pâte avec une cuillère à café et la plonger dans de l'huile chauffée à 180° C environ jusqu'à ce qu'elle soit bien dorée. Déposer les pets de nonne sur un papier absorbant pour éliminer l'excès d'huile et saupoudrer de sucre glace.

Les amateurs de sucrerie et tous ceux qui aiment les mets plus riches accompagneront les pets de nonne d'un sabayon, de compote de pomme, de glace, ou de crème ou bien de fruits ou de coulis.

PFITZAUF MIT KOMPOTT

Pfitzauf with fruit compote | Petits soufflés à la compote

Zutaten für 12 Stück: 250 g Mehl | 1 Prise Salz | 1/2 l Milch | 4 Eier | 2 EL zerlassene Butter | Butter für die Förmchen | nach Belieben 2 EL Puderzucker zum Bestreuen | eingemachte Kirschen, Pfirsiche, Pflaumen, Aprikosen oder frisches Obst je nach Jahreszeit

Zunächst wird der Backofen auf 200° C vorgeheizt.

Dann rührt man aus Mehl, Milch, Eiern, einer Prise Salz und nach Belieben etwas Zucker einen glatten Teig. Alle Zutaten sollten Zimmertemperatur haben. Zuletzt mischt man die flüssige Butter unter.

Nun werden die Pfitzaufformen mit Butter eingefettet und der flüssige Teig mit einer Schöpfkelle in die gefetteten Pfitzaufformen gegeben. Statt der Formen kann man auch Tassen verwenden. Dabei sollte man die Form nur jeweils zur Hälfte füllen, da der Teig im Backofen um das Doppelte aufgeht.

Anschließend werden die gefüllten Pfitzaufformen in die Mitte des vorgeheizten Backofens eingeschoben. Etwa eine Dreiviertelstunde backen, bis der Teig auf das Doppelte aufsteigt und das Gebäck eine schöne goldbraune Farbe bekommt. Die Backofentür während des ganzen Backvorgangs nicht öffnen, da der Teig sonst zusammenfällt.

Die Formen aus dem Ofen holen, kurz auskühlen lassen und die Pfitzauf vorsichtig aus den Formen lösen.

Die fertigen Pfitzauf werden warm und nach Belieben mit Puderzucker bestreut serviert. Dazu reicht man entweder eingemachtes oder frisches Obst der jeweiligen Saison.

Firstly, preheat the oven to 200° C. Then create a smooth batter from flour, milk, eggs, a pinch of salt and some sugar to taste. All the ingredients should be at room temperature. Finally, mix in the liquid butter.

Now grease the pans with butter and, using a ladle, pour the liquid batter into the greased pans. Cups can also be used instead of pans. Only fill the pans to halfway, as the batter doubles in volume in the oven.

Then push the filled pans into the centre of the preheated oven. Bake for around three quarters of an hour until the batter doubles in volume and turns a lovely golden brown colour. Do not open the oven door during baking as the batter will otherwise collapse.

Remove the pans from the oven, let them cool briefly and carefully remove the Pfitzauf from the pans.

Serve the finished Pfitzauf warm, dusted with icing sugar and preserved or fresh seasonal fruits.

Préchauffer le four à 200° C. Mélanger en une pâte lisse la farine, le lait, les œufs, la pincée de sel et, selon les goûts, un peu de sucre. Tous les ingrédients devraient être à la température ambiante. Ajouter au tout le beurre liquide.

Beurrer les petits moules à soufflé et y verser la pâte liquide à l'aide d'une louche. Les moules peuvent être remplacés par des tasses. Veiller à ne remplir qu'à moitié car, dans le four, la pâte va doubler de volume.

Les moules sont ensuite placés au centre du four préchauffé. Cuire pendant 45 minutes environ jusqu'à ce que la pâte ait doublé de volume et prenne une belle couleur dorée. Ne pas ouvrir la porte du four pendant toute la cuisson car la pâte retomberait.

Sortir les moules du four, laisser refroidir et, avec précaution, en extraire les soufflés.

Les soufflés sont à consommer chauds, saupoudrés de sucre glace. Ils peuvent être accompagnés de fruits confits ou frais de saison.

GEFÜLLTE PFANNKUCHEN
Filled pancakes | Crêpes farcies

2 Eier | 250 g Mehl | 3/8 Liter Milch | 1 Prise Salz | Butterschmalz zum Ausbacken | Erdbeer-, Johannisbeer-, Aprikosen- oder Zwetschgengsälz | nach Belieben Puderzucker oder Zimt und Zucker zum Bestreuen | frische Früchte je nach Saison

Alle Zutaten für den Teig sollten unbedingt Zimmertemperatur haben.
Zunächst wird das Mehl mit den Eiern und der Hälfte der Milch sowie dem Salz zu einem dicken, glatten Teig verrührt. Anschließend fügt man die restliche Milch hinzu, um damit den Teig zu verdünnen.

In einer Stielpfanne das Butterschmalz erhitzen und mit einer Schöpfkelle etwas Teig in die Pfanne geben und gleichmäßig verteilen. Den Pfannkuchen zuerst auf der einen, dann unter Zugabe von etwas Butterschmalz auf der anderen Seite goldgelb anbraten. Die fertigen Pfannkuchen im Ofen oder auf einer erwärmten Platte bis zum Verzehr warm halten. Den Vorgang so lange wiederholen, bis der ganze Teig verarbeitet ist.

Dann die warmen Pfannkuchen mit Gsälz bestreichen, aufrollen und heiß auftragen. Je nach Geschmack werden die Pfannkuchen mit Puderzucker oder Zimt und Zucker bestreut. Dazu serviert man frische Früchte der Saison.

2 eggs | 250 g flour | 3/8 litre of milk | 1 pinch of salt | clarified butter for frying | strawberry, blackcurrant, apricot or plum jam | as required, icing sugar or cinnamon and sugar for dusting | fresh seasonal fruits

All the ingredients for the batter must be at room temperature.

Firstly, with the flour, eggs, salt and half of the milk, make a thick, smooth batter. Then add the remaining milk to thin out the batter.

In a frying pan, melt the butter and, using a ladle, pour some batter into the pan and spread it out evenly. Fry the pancakes on one side until golden, then, adding some more clarified butter, on the other side. Keep the cooked pancakes warm in the oven or on a warm plate until serving. Repeat the operation until all the batter has been used up.

Then spread jam on the warm pancakes, roll them up and serve them hot. The pancakes should be dusted with icing sugar or cinnamon and sugar, to taste. Serve with fresh seasonal fruits.

2 œufs | farine 250 g | lait 37 cl | 1 pincée de sel | beurre clarifié | confiture de fraises, groseilles, abricots ou prunes | selon les goûts sucre en poudre ou cannelle/sucre ou fruits frais de saison

Tous les ingrédients de la pâte doivent être absolument à la température ambiante.

Mélanger tout d'abord la farine, les œufs, la moitié du lait et le sel pour obtenir une pâte épaisse lisse. Ajouter le reste du lait pour obtenir une pâte plus liquide.

Chauffer le beurre clarifié dans une poêle, verser un peu de pâte à l'aide d'une louche et la répartir régulièrement. Cuire la crêpe sur une face puis, après avoir rajouté un peu de beurre, sur l'autre face. Elle doit prendre une couleur dorée. Réserver les crêpes terminées dans un four chaud ou sur une plaque chauffante. Répéter la procédure pour toute la pâte.

Tartiner les crêpes chaudes de confiture, les rouler et servir chaudes. Selon les goûts, les crêpes peuvent saupoudrées de sucre glace ou de cannelle et sucre. Elles sont accompagnées de fruits de saison.

CHAUDEAU-SAUCE MIT OSTERLAMM
Sabayon with Easter lamb | Agneau pascal au sabayon

Zutaten für das **Osterlamm** in einer Form mit 0,8 l Fassungsvermögen: 100 g Butter oder Margarine | 100 g Zucker | 1 Päckchen Vanillezucker | 1 Prise Salz | 2 Eier | 1 EL Rum | 60 g gemahlene Nüsse | 60 g Mehl | 60 g Speisestärke | 1 1/2 TL Backpulver | Puderzucker nach Belieben | **Chaudeau-Sauce:** 2 Eigelb | 1 Ei | 160 g Zucker | 1/2 EL Speisestärke | 1/2 l Weißwein

Zubereitung des Osterlamms: Backofen vorheizen; den Elektroherd auf 180° C, den Gasherd auf Stufe 2–3, Umluft auf 160° C. Zunächst werden die Zutaten der Reihe nach zu einem Rührteig verarbeitet. Dann fettet man die Form ein und bestäubt sie mit dem Mehl. Sodann wird der Teig in die Form gefüllt und anschließend im unteren Bereich des vorgeheizten Backofens gebacken. Die Backzeit beträgt etwa 40 Minuten. Nach dem Backvorgang löst man das Osterlamm vorsichtig aus der Form und bestäubt es mit Puderzucker. Alternativ kann man es auch mit einer Glasur überziehen.

Für die Chaudeau-Sauce die Eier mit dem Zucker in einer Schüssel schaumig rühren, in diese Masse gibt man die mit etwas Wein angerührte Speisestärke. Währenddessen wird der restliche Wein in einem Topf angewärmt. Dann rührt man die Zucker-Ei-Masse in den erwärmten Wein und lässt ihn unter ständigem Rühren einmal aufkochen. Auf keinen Fall länger kochen lassen, denn längeres Kochen würde zum Gerinnen führen.

Dazu serviert man frische Früchte oder Beerenkompott.

Ingredients for the **Easter lamb** in a tin with 0.8 l volume: 100 g butter or margarine | 100 g sugar | 1 pack of vanilla sugar | 1 pinch of salt | 2 eggs | 1 tbsp rum | 60 g ground nuts | 60 g flour | 60 g starch | 1 1/2 tsp baking powder | icing sugar as required | **Sabayon:** 2 egg yolks | 1 whole egg | 160 g sugar | 1/2 tbsp starch | 1/2 l white wine

Preparation of the Easter lamb: Preheat the oven; electric ovens to 180° C, gas ovens to gas mark 2–3, air circulation ovens to 160° C. First, mix the ingredients in order to make a sponge mixture. Then grease the tin and dust it with flour. Pour the dough into the tin and then bake it in the bottom of the preheated oven. Baking time is around 40 minutes. After baking, carefully remove the Easter lamb from the tin and dust it with icing sugar. Alternatively, it can be iced.

For the sabayon, beat the eggs and sugar in a bowl until foamy, and add then starch which has been mixed with some of the wine. At the same time, warm the remaining wine in a saucepan. Then mix the sugar and egg mixture into the warmed wine and bring it to the boil whilst stirring continuously. Do not let it boil any longer as longer boiling will cause it to separate.

Serve with fresh seasonal fruits or mixed berry compote.

Pour un moule de 80 cl : beurre ou margarine 100 g | sucre 100 g | sucre vanillé 1 sachet | 1 pincée de sel | 2 œufs | rhum 1 Cs | noix moulues 60 g | farine 60 g | maïzena 60 g | levure en poudre 1,5 Cc | sucre glace selon les goûts | **Sabayon :** 2 jaunes d'œuf | 1 œuf | sucre 160 g | épaississant 1/2 Cs | vin blanc 50 cl

Préparation de l'agneau pascal : Préchauffer le four électrique à 180° C, gaz pos. 2–3 ou chaleur tournante 160° C. Mélanger les ingrédients dans l'ordre de la liste pour obtenir une pâte sablée. Beurrer le moule et le saupoudrer de farine. La pâte est alors versée dans le moule puis cuite dans le bas du four préchauffé. Temps de cuisson : 40 minutes. Après la cuisson, l'agneau pascal est détaché du moule et saupoudré de sucre glace. Il peut aussi être couvert d'un glaçage.

Pour le sabayon, préparer dans une terrine un mélange mousseux avec les œufs et le sucre. Y incorporer maïzena mélangé à un peu de vin. Réchauffer le reste de vin dans une casserole et y mélanger le mélange de sucre et d'œufs. Porter brièvement à ébullition tout en remuant au fouet. Ne pas prolonger l'ébullition, ceci entraînerait un caillage de la sauce.

Accompagnement : fruits frais ou compote de baies rouges.

BADISCHE KÜCHE

Baden cuisine | Cuisine badoise

SCHNECKENSUPPE
Snail soup | Soupe d'escargots

32 Weinbergschnecken | 2 EL Butter | 3 EL Mehl | 3/8 l Fleischbrühe | 3/8 l trockener Weißwein | Muskat | 1 TL Zitronensaft | 2 EL saure Sahne | 1 Eigelb

Zunächst werden die Schnecken gesäubert. (Sofern man Schnecken aus der Dose gewählt hat, gut abtropfen lassen.) Dann stellt man die vorbereiteten Schnecken beiseite.

Anschließend die Butter in einem Suppentopf zerlassen, das Mehl hinzugeben und unter Rühren bei schwacher bis mittlerer Hitze hellgelb anrösten. Nun wird die warme Fleischbrühe unter stetigem Rühren nach und nach hinzugegeben. Das Ganze muss so lange gerührt werden, bis eine glatte Sauce entsteht. Diese lässt man dann einmal kurz aufkochen.

Im Anschluss gibt man den Weißwein hinzu. Dann wird die Suppe mit Muskat, Zitronensaft und Salz abgeschmeckt.

Die saure Sahne mit dem Eigelb verrühren und drei bis vier Esslöffel von der Suppe in das Eigelb-Sahne-Gemisch geben.

Nun wird das Eigelb-Sahne-Gemisch unter ständigem Rühren in den Topf gegossen. Keinesfalls aufkochen lassen, da sonst das Ei gerinnt. Anschließend die Suppe mit einem Schneebesen etwas schaumig schlagen.

Zuletzt werden die Schnecken in dünne Scheiben geschnitten, in die Suppe gegeben und darin erwärmt, wobei das Ganze nicht nochmals aufkochen sollte.

Vor dem Verzehr eventuell mit fein geschnittenem Schnittlauch bestreuen und je nach Belieben mit geröstetem Weißbrot oder Kräuter-Croûtons servieren.

 32 escargots | 2 tbsp butter | 3 tbsp flour | 3/8 l broth | 3/8 l dry white wine | nutmeg | 1 tsp lemon juice | 2 tbsp sour cream | 1 egg yolk

Firstly, clean the snails. (If you are using tinned snails, drain them thoroughly.)

Then put the prepared snails to one side. Then melt the butter in a saucepan, add the flour and, whilst stirring, cook at a low to medium heat until light yellow. Now, slowly add the broth whilst stirring continuously. Stir the mixture until a smooth sauce forms. Let this come briefly to the boil.

Then add the white wine. Season the soup with salt, nutmeg and lemon juice.

Mix the sour cream with the egg yolk and add three to four tablespoons of the soup.

Now pour this mixture into the saucepan and stir continuously. Do not let it boil because the egg will separate. Then foam up the soup a bit with the whisk.

Finally, cut the snails into thin slices, add them to the soup and warm them in it, although the soup must not boil.

Before serving, scatter on finely chopped chives and serve with fried white bread or herb croutons as required.

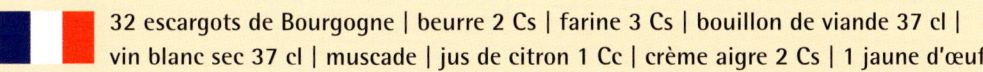 32 escargots de Bourgogne | beurre 2 Cs | farine 3 Cs | bouillon de viande 37 cl | vin blanc sec 37 cl | muscade | jus de citron 1 Cc | crème aigre 2 Cs | 1 jaune d'œuf

Nettoyer les escargots. (En cas d'escargots en conserve, bien les égoutter.)

Réserver les escargots préparés. Faire fondre le beurre dans une casserole, Ajouter la farine et dorer à chaleur moyenne. Ajouter ensuite peu à peu le bouillon de viande en remuant constamment. Remuer jusqu'à obtenir une sauce lisse. Porter brièvement à ébullition.

Ajouter alors le vin blanc puis assaisonner de muscade, jus de citron et sel.

Mélanger la crème aigre et le jaune d'œuf et ajouter 3 à 4 cuillères à soupe de potage au mélange crème/œuf.

Verser peu à peu dans la casserole le mélange jaune d'œuf/crème aigre tout en remuant. Surtout ne pas porter à ébullition, ce qui entraînerait le caillage de l'œuf. Battre au fouet la soupe pour la rendre mousseuse.

Ensuite couper les escargots en tranches, les joindre à la soupe pour les réchauffer. Surtout ne pas porter à ébullition.

Parsemer éventuellement de ciboulette et, selon les goûts, ajouter du pain de mie grillé ou des croûtons aux fines herbes.

BADISCHE ZWIEBELSUPPE

Baden onion soup | Soupe à l'oignon badoise

500 g Zwiebeln | 60 g Butter | 15 g Mehl | 1 l heiße Fleisch- oder Gemüsebrühe | Salz, Pfeffer | 3 Scheiben Toastbrot | 2 Eigelb | 1/4 l badischer Weißwein | 4 EL Sauerrahm | Petersilie, gehackt | Schnittlauch, dünn geschnitten

Zunächst werden die Zwiebeln geschält und in dünne Ringe geschnitten. Dann erhitzt man 50 g Butter in einem Topf und lässt die Zwiebelringe etwa 3 bis 4 Minuten braten, bis sie glasig sind. Anschließend Mehl darüberstreuen und das Ganze unter Rühren eine Minute durchschwitzen.

Währenddessen wird die Fleisch- oder Gemüsebrühe erhitzt. Dann die warme Brühe nach und nach unter Rühren beigegeben. Rühren, bis sich alle Klümpchen aufgelöst haben, dann einmal kurz aufkochen und mit Salz und Pfeffer würzen.

Nun wird Eigelb mit Weißwein und Rahm verquirlt, mit Salz und Pfeffer abgeschmeckt.

Im Anschluss nimmt man die Zwiebelsuppe vom Herd und rührt die Ei-Weißwein-Rahm-Mischung hinein. Die Suppe etwa 2 Minuten zugedeckt ziehen lassen und keinesfalls mehr kochen!

Zwischenzeitlich wird das Toastbrot in 1 cm große Würfel geschnitten und in 10 g Butter rund 5 Minuten goldgelb geröstet.

Alternativ kann man das Weißbrot auch in Streifen schneiden und mit geriebenem Käse kurz im Ofen überbacken.

Die Suppe in einer vorgewärmten Terrine anrichten. Brotwürfel und Kräuter darübergeben und sofort servieren.

500 g onions | 60 g butter | 15 g flour | 1 l hot beef or vegetable stock | salt, pepper | 3 slices of toasting bread | 2 egg yolks | 1/4 l (Baden) white wine | 4 tbsp sour cream | parsley, chopped | chives, chopped thinly

Firstly, peel the onions and cut into thin slices. Then heat 50 g butter in a saucepan and fry the onion rings for about 3 to 4 minutes until glassy. Next, scatter on the flour and let the mixture sweat for one minute, stirring continuously.

During this time, heat up the stock. Add the warm stock whilst stirring. Keep stirring until all the lumps have dissolved, bring to the boil and season with salt and pepper.

Now beat the egg yolk with the white wine and the cream, then season to taste with salt and pepper.

Then take the onion soup off the heat and stir in the egg, white wine and cream mixture. Cover the soup and simmer for 2 minutes and do not let it come to the boil!

In the meantime, cut the toast into dice of about 1 cm and fry them in 10 g of butter for about 5 minutes until golden.

Alternatively, cut the bread into strips, scatter cheese on top and bake briefly in the oven.

Pour the soup in a prewarmed terrine. Garnish with the diced bread and herbs and serve immediately.

oignons 500 g | beurre 60 g | farine 15 g | bouillon chaud viande ou légumes 1 l | sel, poivre | 3 tranches de pain de mie | 2 jaunes d'œuf | vin blanc du Bade 25 cl | crème aigre 4 Cs | persil haché | ciboulette finement hachée

Eplucher et couper en fines lamelles les oignons. Faire chauffer 50 g de beurre dans une casserole et y faire revenir les anneaux d'oignons pendant 3 à 4 min. Saupoudrer de farine et faire chauffer 1 minute tout en remuant.

Chauffer le bouillon de viande ou de légumes. Verser le bouillon chaud peu à peu sur les oignons tout en remuant. Remuer jusqu'à disparition de tous les grumeaux puis porter brièvement à ébullition puis saler et poivrer.

Mélanger le jaune d'œuf, le vin blanc et la crème aigre, saler et poivrer.

Enlever la soupe de la plaque et y ajouter le mélange œuf/vin blanc/crème. Faire chauffer la soupe, couvercle fermé, pendant 2 minutes. Surtout ne pas porter à ébullition !

Couper le pain de mie en dés de 1 cm et les poêler 5 minutes dans 10 g de beurre pour leur donner un couleur dorée.

Au choix, le pain peut être coupé en bandes étroites recouvertes de fromage râpé et gratinées au four.

Présenter la soupe dans une soupière préchauffée. Y ajouter les croûtons et les fines herbes et servir aussitôt.

BADISCHE WEINSUPPE MIT KRACHERLE

Baden wine soup with Kracherle | Soupe au vin badoise et croûtons

1/2 l Fleisch- oder Gemüsebrühe | 1/4 l Wasser | 1/4 l trockener badischer Weißwein
(z. B. Riesling) | 250 g Schlagsahne | 1 EL Speisestärke | 6 Eigelb | Salz, Pfeffer | 4 Scheiben
Kastenweißbrot | 2 Knoblauchzehen | 30 g weiche Butter | Schnittlauch

Die Brühe, den Wein, das Wasser und die Hälfte der Sahne in einen großen Topf geben und unter gelegentlichem Rühren aufkochen. Dann die in etwas kaltem Wasser glatt gerührte Speisestärke in die Suppe rühren. Anschließend nochmals aufkochen. Sollte die Suppe zu dünnflüssig sein, einige Minuten einkochen lassen, bis die gewünschte Konsistenz erreicht ist.

Dann wird das Eigelb mit der restlichen Sahne verrührt. Im Anschluss erst etwas Suppe in die Eigelbmischung rühren, dann die Suppe damit legieren. Nicht mehr kochen, da sonst das Eigelb ausflockt. Mit Salz und Pfeffer abschmecken.

Zubereitung der Kracherle: Von den Brotscheiben wird zunächst der Rand abgeschnitten. Dann zerkleinert man die Brotscheiben in kleine Würfel und brät sie in einer Pfanne mit Butter an. Zwischendurch werden sie mit Salz, Pfeffer und dem durchgepressten Knoblauch gewürzt, dann von allen Seiten so lange gebraten, bis sie eine goldgelbe Farbe angenommen haben

Suppe in Teller oder Suppentassen füllen und die Kracherle portionsweise auf der Suppe verteilen. Schnittlauch in feine Röllchen schneiden und über die Suppe geben.

1/2 l beef or vegetable stock | 1/4 l water | 1/4 l dry (Baden) white wine (e.g. Riesling) | 250 g whipping cream | 1 tbsp starch | 6 egg yolks | salt, pepper | 4 slices of toasting bread | 2 cloves of garlic | 30 g soft butter | chives

Add the stock, wine, water and half of the cream to a large saucepan and bring to the boil, stirring occasionally. Then stir the starch, which has been stirred into a paste with some cold water, into the soup. Bring to the boil again. If the soup is too thin, let it reduce for a couple of minutes until the desired consistency is reached.

Then beat the egg yolk with the remaining cream. After this, mix some of the soup into the egg yolk mixture and then thicken the soup with it. Do not boil it as the egg yoke will separate. Season to taste with salt and pepper.

Preparation of the Kracherle: Firstly, cut the crusts off of the bread. Then cut the slices into small dice and fry them in a frying pan with some butter. In so doing, season them with salt, pepper and the crushed garlic, and fry them on all sides until they are golden.

Fill bowls with the soup and garnish it with portions of the Kracherle on the soup. Cut the chives in little rolls and scatter on the soup.

🇫🇷 bouillon viande ou légumes 50 cl | eau 25 cl | vin blanc sec du Bade (p. ex. Riesling) 25 cl | crème liquide 250 g | maïzena 1 Cs | 6 jaunes d'œuf | sel, poivre | 4 tranches de pain de mie | 2 gousses d'ail | beurre mou 30 g | ciboulette

Mettre dans une marmite le bouillon, le vin, l'eau et la moitié de la crème, faire bouillir en remuant de temps en temps. Ajouter maïzena bien dilué dans un peu d'eau froide. Porter à nouveau à ébullition. Si la soupe est encore trop liquide, continuer à la faire bouillir quelques minutes jusqu'à ce que la consistance désirée soit obtenue.

Mélanger le jaune d'œuf au reste de la crème. Verser un peu de soupe dans le mélange de jaune d'œuf puis lier la soupe. Ne plus faire bouillir, sinon l'œuf coagulerait. Saler et poivrer.

Croûtons : Couper la croûte des tranches de pain. Couper les tranches en petits dés et

les faire revenir au beurre dans une poêle. Assaisonner de sel, poivre et du jus de l'ail pressé. Les poêler jusqu'à ce qu'ils aient pris une teinte dorée.

Servir la soupe dans des assiettes ou des bols et y répartir les croûtons. Y ajouter la ciboulette finement hachée.

BAULÄNDER GRÜNKERNSUPPE

Bauland green spelt soup | Soupe à l'épeautre vert

100 g Grünkern, geschrotet | 50 g Butter | 4 Schalotten | 100 g Staudensellerie | 1 1/2 l Fleisch-
oder Gemüsebrühe | 1 Eigelb | 125 g Crème fraîche | Salz, Pfeffer, Muskat | frischer Schnittlauch |
1 mittlere Zwiebel

Zunächst werden die Schalotten fein
gewürfelt. Dann putzt man den Stau-
densellerie und schneidet ihn quer in
dünne Scheiben.

Nun lässt man die Butter in einem Topf
aufschäumen und röstet den Grünkernschrot
unter Rühren darin an. Dann gibt man die
fein gewürfelten Schalotten und die Sellerie-
scheiben dazu. Das Ganze rund 3 Minuten
andünsten. Dann mit der Brühe auffüllen und
zu einer glatten Suppe gut durchrühren. Anschließend bei geringer Hitze etwa 20 Minuten
köcheln lassen. Mit Muskat, Pfeffer und Salz
abschmecken.

Das Eigelb und die Crème fraîche mischen
und unter die Suppe rühren. Die Suppe sollte
zu diesem Zeitpunkt nicht mehr kochen und
auch anschließend nicht mehr aufgekocht
werden, da sonst das Ei gerinnt. Nun schält
man die Zwiebel, schneidet sie in feine Wür-
felchen und brät sie in Fett braun an. Dann
gibt man sie auf die in Tellern angerichtete
Suppe, die vor dem Servieren mit Schnittlauch
verfeinert wird.

Alternativ können Markklößchen, Brot-
croûtons oder gebratene Speckwürfel der
Suppe beigegeben werden.

🇬🇧 100 g green spelt, crushed | 50 g butter | 4 shallots | 100 g celery | 1 1/2 l beef or vegetable stock | 1 egg yolk | 125 g crème fraîche | salt, pepper, nutmeg | fresh chives/ 1 medium-sized onion

Firstly, chop the shallots finely. Then clean the celery and cut it cross-wise into thin slices.
Let the butter foam in a saucepan and fry the crushed green spelt in it. Add the finely chopped shallots and slices of celery. Fry for around 3 minutes. Then fill up with the stock and stir well to make a smooth soup. Let the soup simmer for around 20 minutes at a low heat. Season to taste with nutmeg, salt and pepper.

Mix in the egg yolk and the crème fraîche and stir into the soup. By now, the soup should no longer be boiling nor be brought to the boil again, as the egg will separate. Now peel the onions and chop them finely and fry them until brown in the fat. Scatter them on the soup, poured into bowls and to which the chives were added before serving.

Alternatively, marrow dumplings, croutons or fried diced bacon can be added to the soup.

🇫🇷 épeautre vert, broyé 100 g | beurre 50 g | 4 échalotes | Céleri en branche 100 g | bouillon viande ou légumes 1,5 l | 1 jaune d'œuf | crème fraîche 125 g | sel, poivre, muscade | ciboulette fraîche | 1 oignon moyen

Ciseler les échalotes. Nettoyer les branches de céleri et les couper en fines lamelles.
Faire mousser le beurre dans une casserole et y faire revenir l'épeautre vert broyé en remuant. Ajouter les échalotes ciselées et les lamelles de céleri. Faire cuire pendant 3 minutes. Y verser le bouillon et bien mélanger pour avoir une soupe lisse. Faire mijoter environ 20 minutes à chaleur faible. Saler, poivrer et ajouter la muscade.

Mélanger le jaune d'œuf et la crème fraîche et les ajouter à la soupe. La soupe ne doit alors plus bouillir, ni à ce moment-là, ni plus tard, à cause du risque de coagulation de l'œuf. Eplucher l'oignon, le couper en petits dés et les faire dorer dans la graisse. Les ajouter à la soupe servie dans des assiettes et garnir de ciboulette.

Il est possible d'ajouter à la soupe des petites quenelles de moelle, des croûtons ou bien des dés de lard grillés.

BADISCHES SCHÄUFELE
Pork shoulder | Epaule de porc

Schäufele: 1 kg gepökelte und leicht angerauchte Schweineschulter | 1/2 l trockener Weißwein oder Weißherbst | 1 Zwiebel | 2 Nelken | 6 Wacholderkörner | 6 Pfefferkörner | 1 Lorbeerblatt | etwas Thymian | **Brägele:** 6–8 mittelgroße festkochende Kartoffeln | Butterschmalz | Salz | **Sauerkraut:** 750 g vorgegartes Sauerkraut | 4 Wacholderbeeren | 1 Lorbeerblatt | 1/8 l Weißwein | Pfeffer, Salz

F ür das Schäufele wird zunächst die Zwiebel geschält und mit den beiden Nelken gespickt. Dann füllt man ein Gewürzsäckchen mit etwas Thymian, dem Lorbeerblatt und den Wacholder- und Pfefferkörnern.

In einem großen Topf 1 Liter Wasser erhitzen. Anschließend den Wein zugießen und einmal aufkochen. Dann gibt man Fleisch, Zwiebel und Gewürzsäckchen hinzu und lässt alles etwa 60 bis 90 Minuten zugedeckt garen. Dabei sollte das Schäufele zu diesem Zeitpunkt keinesfalls mehr gekocht werden.

Für die Brägele die rohen Kartoffeln schälen und anschließend gründlich waschen. Dann in etwa 2–3 cm dicke Scheiben schneiden und in einer Pfanne mit Butterschmalz auf beiden Seiten knusprig braten. Während des Bratvorgangs salzen, wobei der Pfannenboden immer nur mit einer Lage Kartoffeln belegt wird. Fertige Brägele im Ofen warm halten.

Anschließend alle Zutaten für das Sauerkraut in einem Topf erwärmen, bis das Kraut weich ist. Mit Salz und Pfeffer abschmecken. Die Wacholderbeeren und das Lorbeerblatt entfernen.

Schäufele: 1 kg cured and lightly smoked pork shoulder | 1/2 l dry white or rosé wine | 1 onion | 2 cloves | 6 juniper berries | 6 peppercorns | 1 bay leaf | some thyme | **Brägele:** 6–8 medium-sized waxy potatoes | clarified butter | salt | **Sauerkraut:** 750 g precooked sauerkraut | 4 juniper berries | 1 bay leaf | 1/8 l white wine | pepper, salt

For the Schäufele, first peel the onion and pierce it with the two cloves. Then make a little bag of herbs containing the thyme, the bay leaf, the juniper berries and the peppercorns.

Heat up 1 litre of water in a large saucepan. Then add the wine and bring to the boil. Add the meat, onions and bag of herbs and let it all cook, covered, for between 60 and 90 minutes. The Schäufele should not be allowed to boil.

For the Brägele, peel the raw potatoes and then wash them thoroughly. Cut them into slices 2–3 cm thick and fry them until crisp in clarified butter. Salt them during frying, ensuring that the base of the frying pan is only ever covered by one layer of potatoes. Keep the cooked Brägele warm in the oven.

Then heat up all the ingredients for the sauerkraut in a pan until the cabbage is soft. Season to taste with salt and pepper. Remove the juniper berries and the bay leaf.

Epaule : épaule de porc saumurée et fumée 1 kg | vin blanc ou rosé sec 50 cl | 1 oignon | 2 clous de girofle | 6 baies de genévrier | 6 grains de poivre | 1 feuille de laurier | un peu de thym | **Rissolées :** 6–8 pommes de terre moyennes fermes à cuisson | beurre clarifié | sel | **Choucroute :** choucroute précuite 750 g | 4 baies de genévrier | 1 feuille de laurier | vin blanc 12 cl | poivre, sel

Eplucher l'oignon et y piquer les deux clous de girofle. Dans un petit sachet textile mettre un peu de thym, la feuille de laurier, la baie de genévrier et les grains de poivre.

Faire chauffer 1 litre d'eau, ajouter le vin et porter à ébullition. Ajouter l'épaule de porc, l'oignon et le sachet d'épices et faire mijoter le tout pendant 60 à 90 minutes. Ne plus faire bouillir l'épaule.

Eplucher les pommes de terre crues et bien les laver. Couper en rondelles de 2–3 cm d'épaisseur et les faire revenir dans le beurre clarifié pour les rendre croustillantes sur les deux faces. Saler pendant la cuisson. Veiller à ce que la poêle ne contienne qu'une seule couche de rondelles à chaque cuisson. Réserver les rondelles cuites dans un four chaud.

Réchauffer dans une casserole tous les ingrédients de la choucroute jusqu'à ce que celle-ci soit bien tendre. Saler et poivrer. Enlever les baies de genévrier et la feuille de laurier.

SPARGEL MIT KRATZETE

Asparagus with Baden Kratzete | Asperges aux crêpes brisées

Kratzete: 3 Eier | 180 g Weizenmehl | 300 ml Milch | Salz, Pfeffer, Muskat | **Spargel mit Schinken:** 2 kg frischer weißer Spargel | 150 g gekochter Schinken | 150 g gerauchter Schinken | Schnittlauch | nach Geschmack 2 hart gekochte Eier zum Dekorieren

Alle Zutaten für die Kratzete sollten Zimmertemperatur haben.

Zunächst nimmt man ein Ei und trennt das Eigelb vom Eiweiß. Dann wird das Eiweiß steif geschlagen. Anschließend die restlichen beiden Eier und das Eigelb sowie das Mehl, die Milch und die Gewürze zu einem glatten Teig verrühren. Zum Schluss wird der steif geschlagene Eischnee untergerührt.

Nun brät man den Teig nach und nach mit Butterschmalz in einer Pfanne auf beiden Seiten an, bis die Flädle schön goldgelb sind. Daraufhin reißt man sie mit Hilfe zweier Holzlöffel in kleine Stücke und stellt sie bis zum Servieren im Ofen warm. Den Vorgang so lange wiederholen, bis der restliche Teig verarbeitet ist.

In der Zwischenzeit wird der Spargel geschält und gewaschen, wobei die holzigen Endstücke entfernt werden sollten. Dann lässt man den Spargel in einem großen Topf in leicht gesalzenem Wasser kurz garen (je nach Gusto entweder bissfest oder weich).

Den gegarten Spargel mit beiderlei Schinken und der Kratzete anrichten. Mit fein geschnittenem Schnittlauch und nach Belieben mit gehackten Eiern dekorieren.

Kratzete: 3 eggs | 180 g wheat flour | 300 ml milk | salt, pepper, nutmeg | **Asparagus with ham:** 2 kg fresh white asparagus | 150 g cooked ham | 150 g smoked ham | chives | 2 hard-boiled eggs for decoration if desired

All the ingredients for the Kratzete must be at room temperature.

Firstly, separate out the yolk of one egg from the egg white. Then beat the egg white until stiff. Stir the remaining two eggs and the egg yolk, along with the flour, milk and seasoning, into a smooth batter. Finally, add the stiff egg white.

Now, fry the batter in portions on both sides in a pan containing clarified butter until the pancakes are golden in colour. Then, using two wooden spoons, tear them into small pieces and keep them warm in the oven until serving. Repeat the operation until all the batter has been used up.

In the meantime, peel and wash the asparagus, also removing the woody ends. Then cook the asparagus briefly in a pot of lightly salted water (so that it is either al dente or soft, depending on how you like it).

Serve the cooked asparagus with the two types of ham and the Kratzete. Decorate with finely chopped chives and, if you like, with chopped eggs.

Crêpes : 3 œufs | farine 180 g | lait 30 cl | sel, poivre, muscade | **Asperges aux jambons :** asperges blanches fraîches 2 kg | jambon cuit 150 g | jambon fumé 150 g | ciboulette | selon les goûts 2 œufs durs pour garnir

Tous les ingrédients des crêpes brisées doivent être à température ambiante. Séparer le jaune du blanc d'un œuf. Battre le blanc d'œuf en neige. Mélanger ensuite les deux autres œufs et le jaune restant, la farine, le lait et les épices pour former une pâte lisse. Y ajouter le blanc en neige.

Par petites portions, cuire les crêpes dans du beurre clarifié et bien les dorer sur les deux faces. Les déchiqueter ensuite en petits morceaux à l'aide de deux cuillères en bois et les réserver dans le four chaud. Répéter l'opération jusqu'à épuisement de la pâte.

Entretemps éplucher et laver les asperges. En couper l'extrémité coriace. Faire cuire les asperges dans une eau légèrement salée, la durée de cuisson varie selon les goûts (« al dente » ou tendres).

Servir les asperges cuites avec les deux jambons et les crêpes brisées. Garnir au besoin avec de la ciboulette hachée et les œufs durs écrasés.

SAUERBRATEN

Marinaded beef | **Rôti de bœuf mariné**

1 kg Ochsenbraten vom Hinterwälder Rind | **Marinade:** 1 Karotte | 1 Lauch | 1 Sellerie | 1 Zwiebel | Petersilie | 2–3 Nelken | 1 Lorbeerblatt | 2–3 Wacholderbeeren | 1/4 l Weinessig | 3/4 l Wasser | Pfefferkörner | Salz | **Sauce:** 1 Zwiebel | 1 Becher saure Sahne | 1 Scheibe Schwarzbrot | 1 Schuss Rotwein | **Kartoffelpüree:** 4 große Kartoffeln | 100 g frischer Rucola | 1 EL Butter | 50–100 ml Sahne | Salz

F ür die Marinade Gemüse waschen und schneiden. Weinessig und Wasser aufkochen. Gemüse und Gewürze hinzugeben, nochmals kurz aufkochen und abkühlen lassen. Fleisch in die kalte Marinade legen und 2 bis 3 Tage im Kühlschrank ziehen lassen, immer wieder umdrehen.

Für die Zubereitung des Bratens das Fleisch aus der Marinade nehmen und trocken tupfen. Gemüse und Beize abseihen und beiseitestellen. Das Fleisch von allen Seiten kräftig anbräunen. Aus dem Bräter nehmen. Zwiebel und Schwarzbrot klein schneiden und ebenfalls kräftig

anbraten. Fleisch und Gemüse hinzugeben und mit einem Teil der Marinade und etwas Wasser ablöschen. Zugedeckt mindestens 1 Stunde schmoren lassen. 15 Minuten vor dem Servieren den Deckel abnehmen und das Fleisch im Ofen warm halten. Die Sauce etwas einkochen, dann durchseihen. Salz, Pfeffer, saure Sahne und einen Schuss Rotwein zugeben.

Für den Kartoffelbrei die Kartoffeln schälen, schneiden und in Salzwasser weich kochen. Vom Herd nehmen, Wasser abgießen, Butter und Sahne hinzugeben und zerstampfen. Rucola geschnitten unterrühren und salzen.

🇬🇧 1 kg roasting beef | **Marinade:** 1 carrot | 1 leek | 1 celeriac | 1 onion | parsley | 2–3 cloves | 1 bay leaf | 2–3 juniper berries | 1/4 l wine vinegar | 3/4 l water | pepper-corns | salt | **Sauce:** 1 onion | 1 tub sour cream | 1 slice of dark bread | 1 dash of red wine | **Potato mash:** 4 large potatoes | 100 g fresh rocket | 1 tbsp butter | 50–100 ml cream | salt

To make the marinade, wash and chop the vegetables. Boil the water and vinegar together. Add the vegetables and season-ing, bring to the boil briefly again and let cool. Place the meat in the cold marinade and leave for 2 to 3 days in the fridge, turning the meat over every so often.

To prepare the meat, remove it from the marinade and pat it dry. Sieve off the vegeta-bles and marinade and put to one side. Brown the meat on all sides at a high heat. Take from the roasting tin. Finely chop the onions and dark bread and also fry well. Add the meat and vegetables and then some of the marinade and some water. Leave to cook for at least 1 hour. 15 minutes before serving, remove the lid, take out the meat and keep it warm in the oven. Let the sauce reduce somewhat and then pass it through a sieve. Add the salt, pepper, sour cream and a dash of red wine.

For the potato mash, peel and chop the potatoes and boil them in salt water until soft. Remove from the heat, drain the water, add butter and cream and mash them. Wash the rocket, cut it and mix it in, adding some salt.

🇫🇷 rôti 1 kg | **Marinade :** 1 carotte | 1 poireau | 1 céleri | 1 oignon | persil | 2–3 clous de girofle | 1 f. de laurier | 2–3 baies de genévrier | vinaigre 25 cl | eau 75 cl | grains de poivre | sel | **Sauce :** 1 oignon | 1 pot de crème aigre | 1 tr. de pain bis | vin rouge | **Purée :** 4 pommes de terre | roquette 100 g | beurre 1 Cs | crème 5–10 cl | sel

Marinade : Laver et couper les lé-gumes, faire bouillir le vinaigre et l'eau. Ajouter les légumes et les épices, refaire bouillir et laisser refroidir. Mettre la viande dans la marinade froide et conserver 2 à 3 jours au réfrigérateur. Retour-ner de temps en temps.

Rôti : Sortir la viande et l'essuyer. Tamiser la marinade et réserver les légumes. Faire re-venir la viande à feu vif. La sortir du fait-tout. Couper l'oignon et le pain et les faire revenir à feu vif. Ajouter la viande et les légumes, une partie de la marinade tamisée et un peu d'eau. Laisser mijoter 1 heure. 15 min. avant la fin de la cuisson, ouvrir le couvercle, sortir la viande et la réserver au chaud. Réduire la sauce et la tamiser. Y ajouter sel, poivre, crème aigre et vin rouge.

Purée : éplucher et couper les pommes de terre et les faire cuire dans de l'eau salée. Enlever la casserole de la plaque, verser l'eau et ajouter beurre et crème puis écraser les pommes de terre. Laver et hacher la roquette, la mélanger à la purée et saler le tout.

FILETS VOM BODENSEEFELCHEN
Fillets of Lake Constance whitefish | Filets de féra

Felchenfilets: 8 Filets vom Bodenseefelchen | 1 EL Olivenöl | 40 g Butter | 1/4 l Gemüsebrühe | 400 ml Riesling | 2 Schalotten | 1 EL Mehl | 1 Prise Zucker | 80 g Sahne | frischer Kerbel | frischer Dill | Pfeffer, Salz | **Dill-Kartoffeln:** 500 g kleine, festkochende Kartoffeln | Butterschmalz | frischer Dill | Salz

Für die Rieslingsauce werden die Schalotten geschält und fein gewürfelt. Dann brät man sie mit der Butter in einem Topf an, bis sie glasig sind. Anschließend werden sie mit Mehl bestäubt und sanft angebräunt. Mit einem Teil der warmen Gemüsebrühe ablöschen und glatt rühren, in der Folge die restliche Brühe nach und nach zugeben. Dann fügt man den Riesling hinzu und lässt ihn kurz aufkochen. Sahne beifügen und nochmals kurz aufkochen lassen. Anschließend die Temperatur langsam etwas reduzieren. Kräuter waschen, klein hacken und in die Sauce geben.

Vor dem Servieren mit Zucker, Salz und Pfeffer abschmecken.

Dann die Fischfilets waschen und trocken tupfen. Dabei die eventuell noch vorhandenen Gräten entfernen. Mit Salz und Pfeffer würzen. Nachdem man die Bodenseefelchenfilets in einer Pfanne mit dem Öl kurz gut angebraten hat, lässt man sie in der Sauce fertig garen.

Die Kartoffeln im Schnellkochtopf garen, anschließend schälen und in eine Pfanne geben, salzen, mit fein gehacktem Dill bestreuen und mit Butterschmalz goldgelb anbraten.

Whitefish fillets: 8 fillets of Lake Constance whitefish | 1 tbsp olive oil | 40 g butter | 1/4 l vegetable stock | 400 ml Riesling | 2 shallots | 1 tbsp flour | 1 pinch sugar | 80 g cream | fresh chervil | fresh dill | pepper, salt | **Dill potatoes:** 500 g small, waxy potatoes | clarified butter | fresh dill | salt

For the Riesling sauce, peel and finely chop the shallots. Then fry them in butter in a pan until they are glassy. After this, dust them with flour and brown them gently. Add some of the warm vegetable stock and stir until smooth. Then slowly add the remaining stock. Add the Riesling and let it come to the boil briefly. Add the cream and let it come to the boil again. Then slowly reduce the temperature. Wash and finely chop the herbs and add them to the sauce. Before serving, season to taste with sugar, salt and pepper.

Then wash the fish fillets and pat them dry. In so doing, remove any bones you might find. Season with salt and pepper. When the fish fillets have been briefly fried in oil in a pan, let them cook through in the sauce.

Boil the potatoes, then peel them, put them in a frying pan, salt them, scatter them with the finely chopped dill and fry them until golden in clarified butter.

Filets : 8 filets de féra | huile d'olive 1 Cs | beurre 40 g | bouillon de légumes 25 cl | Riesling 40 cl | 2 échalotes | Farine 1 Cs | 1 pincée de sucre | crème liquide 80 g | cerfeuil frais | aneth frais | poivre, sel | **Pommes de terre :** pommes de terre fermes à la cuisson 500 g | beurre clarifié | aneth frais | sel

Sauce au Riesling : Eplucher et couper finement les échalotes. Faire revenir au beurre dans une casserole. Saupoudrer de farine et dorer légèrement. Ajouter une partie du bouillon de légumes et remuer pour lisser. Ajouter peu à peu le reste du bouillon. Ajouter le Riesling et porter brièvement à ébullition. Ajouter la crème liquide et porter à nouveau à ébullition. Diminuer progressivement la température. Laver les feuilles des condiments, les hacher finement et les joindre à la sauce. Avant de servir, sucrer légèrement, saler et poivrer.

Laver et essuyer les filets. Enlever éventuellement les arêtes restantes, saler et poivrer. Faire revenir les filets brièvement dans l'huile d'une poêle et terminer la cuisson dans la sauce.

Cuire les pommes de terre dans un autocuiseur, les éplucher et les dorer à la poêle dans du beurre clarifié, saler et saupoudrer d'aneth finement haché.

BADISCHE KÄSSPATZEN
Badische Kässpatzen | Spaetzle au fromage à la badoise

500 g Mehl | 4 Eier | etwas Wasser oder Milch | Salz | 2 Zwiebeln | 2 EL Butter | 300 g Allgäuer Emmentaler und/oder Allgäuer Bergkäse | Salz und Pfeffer

Zunächst wird der Käse gerieben. Dann fertigt man aus dem Mehl, den Eiern, dem Wasser bzw. der Milch einen festen, glatten Teig, gibt etwas Salz hinzu und schlägt ihn so lange, bis er Blasen wirft. Auf das nasse Spätzlebrett einen Teil des Teiges streichen und mit dem speziellen Schaber oder einem breiten Messer schmale Streifen in das kochende Salzwasser schaben. Alternativ kann man auch eine Spätzlepresse benutzen. Einmal schaumig aufkochen lassen, dann mit einem Schaumlöffel herausnehmen, in einem Sieb kurz mit kaltem Wasser abspülen und die erste Schicht Spätzle in eine vorgewärmte Auflaufform geben. Etwas geriebenen Käse darüberstreuen, dann die nächste Portion Spätzle

zubereiten und wiederum mit einer Portion Käse bestreuen.

Der Vorgang wird so lange wiederholt, bis der Spätzleteig verarbeitet ist. Zum Schluss wird der restliche Käse auf die letzte Schicht Spätzle gegeben und das Ganze anschließend mit zwei Gabeln vermischt und dann im Ofen warm gehalten, solange man die Zwiebeln vorbereitet.

Danach werden die Zwiebeln geschält und in feine Ringe geschnitten. Die Butter in einer Pfanne zerlassen und darin die Zwiebelringe gut andünsten. Vor dem Servieren über die Kässpatzen geben.

 500 g flour | 4 eggs | some water or milk | salt | 2 onions | 2 tbsp butter | 300 g Allgäu Emmentaler and/or Allgäu alpine cheese | salt and pepper

Firstly, grate the cheese.

Then, create a firm, smooth dough from the flour, eggs, water or milk, add some salt and beat it until it starts to bubble. Spread some of the dough onto the wet Spätzle board and, using a special scraper or a broad knife, scrape thin strips into boiling salt water. Alternatively, you can use a Spätzle press. Let them rise to the surface, then remove them with a slotted spoon, briefly rinse them off in a sieve with cold water and place the first layer of Spätzle into a preheated baking dish. Scatter some of the grated cheese over the layer, then prepare the next portion of Spätzle and again scatter a portion of cheese over them.

Repeat the operation until all the Spätzle dough has been used up. Finally, add the remaining cheese to the last layer of Spätzle and then mix the whole mixture with two forks and keep warm in the oven until the onions are ready.

Then, peel the onions and cut into thin slices. Melt the butter in a frying pan and fry the onion rings well. Garnish the Kässpatzen with them before serving.

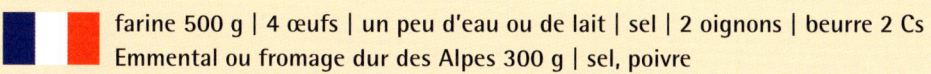

farine 500 g | 4 œufs | un peu d'eau ou de lait | sel | 2 oignons | beurre 2 Cs | Emmental ou fromage dur des Alpes 300 g | sel, poivre

Râper le fromage.

Spaetzle : Préparer, avec la farine, les œufs, l'eau ou le lait, une pâte ferme et lisse. Saler et battre jusqu'à la formation de bulles. Etendre un peu de pâte sur une planchette mouillée et racler dans de l'eau salée bouillante de fines lamelles de pâte à l'aide d'un racloir à spaetzle ou d'un large couteau. Il est aussi possible d'utiliser une presse à spaetzle. Faire bouillir jusqu'à la formation d'écume puis sortir les spaetzle avec une écumoire et rincer les brièvement à l'eau froide. Mettre une première couche de spaetzle dans un plat à gratin préchauffé et cou-

vrir d'un peu de fromage râpé. Préparer une deuxième couche de spaetzle et la couvrir de fromage râpé. Alterner les couches de spaetzle et de fromage jusqu'à épuisement de la pâte. Couvrir de fromage la dernière couche de pâtes fraîches et mélanger le tout à l'aide de 2 fourchettes. Tenir au chaud dans le four.

Eplucher et couper les oignons en anneaux. Faire fondre le beurre dans une poêle et y faire brunir les oignons. Les étaler au-dessus des spaetzle au fromage avant de servir.

SCHUPFNUDELN MIT SAUERKRAUT

Schupfnudeln with sauerkraut | Nouilles roulées et choucroute

Schupfnudeln: 500 g mehligkochende Kartoffeln | 125 g Mehl | 1 Ei | Salz, Muskat | Butterschmalz | **Sauerkraut:** 750 g vorgegartes Sauerkraut | 4 Wacholderbeeren | 1 Lorbeerblatt | 1/8 l Weißwein | Pfeffer, Salz

Zur Vorbereitung der Schupfnudeln werden die Kartoffeln bereits am Vortag mit der Schale gekocht.
Erst am Tag der Zubereitung werden die Kartoffeln geschält. Dann drückt man sie durch eine Presse. Mehl, Ei, Salz und Muskat hinzugeben und das Ganze zu einem festen Teig kneten. Dann formt man auf einer bemehlten Unterlage aus dem Teig fingerdicke und fingerlange, spitz zulaufende Würstchen. Diese gibt man in einen Topf mit etwa 2 Liter kochendem Salzwasser und lässt sie so lange sieden, bis sie an der Oberfläche schwimmen. Dann nimmt man die Schupfnudeln mit einem Schaumlöffel heraus und lässt sie gut abtropfen. Anschließend werden sie in einer Pfanne mit Butterschmalz angebraten, bis sie rundum schön goldgelb sind.

Das vorgegarte Sauerkraut wird mit den Wacholderbeeren, dem Lorbeerblatt und dem Weißwein in einem Topf erwärmt, bis es weich ist. Wacholderbeeren und Lorbeerblatt entfernen. Mit Salz und Pfeffer abschmecken.

Die Schupfnudeln zusammen mit dem Kraut servieren.

Alternativ kann man das Sauerkraut auch mit etwas Butterschmalz in einer Pfanne anbraten. Die Schupfnudeln hinzugeben, das Ganze miteinander vermengen und servieren.

Schupfnudeln: 500 g floury potatoes | 125 g flour | 1 egg | salt, nutmeg | clarified butter | **Sauerkraut:** 750 g precooked sauerkraut | 4 juniper berries | 1 bay leaf | 1/8 l white wine | pepper, salt

To prepare the Schupfnudeln, boil the unpeeled potatoes on the previous day. On the day of serving, peel the potatoes. Then crush them in a press. Add flour, egg, salt and nutmeg and knead the mixture into a firm dough. On a floured surface, create little pointed sausages from the dough, which are about as thick and long as your finger. Place them in a saucepan with around 2 litres of boiling salt water and let them boil until they float on the surface. Remove the Schupfnudeln with a slotted spoon and let them drain well. Then fry them in a frying pan with clarified butter until they are golden on all sides.

Warm the precooked sauerkraut in a saucepan with the juniper berries, the bay leaf and the white wine until it is soft. Remove the juniper berries and the bay leaf. Season to taste with salt and pepper.

Serve the Schupfnudeln together with the sauerkraut.

Alternatively, fry the sauerkraut in a frying pan in some clarified butter. Add the Schupfnudeln, mix everything together and serve.

Schupfnudeln (pâtes à base de pommes de terre) : pommes de terre farineuses 500 g | farine 125 g | 1 œuf | sel, muscade | beurre clarifié | **Choucroute :** choucroute précuite 750 g | 4 baies de genévrier | 1 feuille de laurier | vin blanc 12 cl | poivre, sel

Schupfnudeln. La veille, faire cuire les pommes de terre non épluchées. Eplucher les pommes de terre le jour de la préparation. Les écraser à la presse à purée. Ajouter farine, œuf, sel et muscade. Pétrir le tout en une pâte ferme. Rouler ensuite sur une surface enfarinée des petits fuseaux de la taille d'un doigt. Les plonger dans une marmite contenant 2 litres d'eau salée bouillante et les faire bouillir jusqu'à ce qu'ils remontent à la surface. Sortir les Schupfnudeln à l'aide d'une écumoire et bien les égoutter. Les faire dorer dans une poêle avec un peu de beurre clarifié.

Réchauffer dans une casserole la choucroute précuite avec les baies, le laurier et le vin blanc jusqu'à ce qu'elle soit tendre. Enlever les baies et le laurier, saler et poivrer.

Servir les Schupfnudeln avec la choucroute.

Une variante possible : Faire revenir la choucroute dans une poêle avec un peu de beurre clarifié, ajouter les Schupfnudeln et bien mélanger avant de servir.

GEBACKENE SCHWARZWALDFORELLE
Baked Black Forest trout | Truite de Forêt Noire

4 Forellen | 1 gebeizte Lachsforelle | 2 Eier | 5–6 EL Paniermehl | 1 Bund Thymian |
1 Bund Rosmarin | etwas Mehl | Butter oder Butterschmalz

Zunächst werden der Thymian und der Rosmarin gründlich gewaschen, fein geschnitten und in vier Portionen für die vier Forellen aufgeteilt. Dann wird das gebeizte Lachsforellenfilet etwas zerkleinert.

Anschließend breitet man die vier Forellen aus und belegt den Bauchraum jeder Forelle mit jeweils einer Portion Thymian und Rosmarin sowie einem Viertel des leicht zerkleinerten gebeizten Lachsforellenfilets. Dann klappt man die vier Forellen zu und drückt sie gut zusammen.

Sodann wendet man die gefüllten Forellen in Mehl und klopft dann das überschüssige Mehl vorsichtig ab.

Im Anschluss verquirlt man die beiden Eier und zieht dann die gefüllten Forellen durch die Eiermasse. Anschließend werden sie im Paniermehl locker gewendet, wobei sie nicht zu fest angedrückt werden sollten.

Zuletzt erhitzt man die Butter beziehungsweise das Butterschmalz in einer Pfanne, gibt die vier gefüllten Forellen in die Pfanne und brät sie von beiden Seiten goldbraun an.

Auf vier vorgewärmten Tellern anrichten und mit grünem Salat, gedünstetem Gemüse der Saison oder Rosmarinkartoffeln servieren.

**4 trout | 1 marinated salmon trout | 2 eggs | 5–6 tbsp breadcrumbs |
1 bunch of thyme | 1 bunch of rosemary | some flour | butter or clarified butter**

Firstly, wash the thyme and rosemary thoroughly, chop them finely and create four portions for the four trout. Then cut up the marinated salmon trout fillet.

Next, spread out the four trout and place a portion of thyme and rosemary in the chest cavity of each trout, as well as a quarter of the cut-up marinated salmon trout fillet. Fold up the four trout and press them together.

Then toss the filled trout in flour and carefully shake off the excess flour.

After this, beat the two eggs and run the filled trout through the egg. Next, toss them loosely in the breadcrumbs but don't press down too hard.

Finally, heat the (clarified) butter in a fry pan, place the four filled trout in the pan and fry them on both sides until golden brown.

Arrange on four warmed plates with a green salad, steamed seasonable vegetables or rosemary potatoes.

**4 truites | 1 truite saumonée marinée | 2 œufs | chapelure 5–6 Cs | thym | romarin |
un peu de farine | beurre ou beurre clarifié**

Laver soigneusement le thym et le romarin, les hacher finement et les répartir en 4 portions. Déchiqueter la truite saumonée marinée. Ouvrir chacune des 4 truites et les farcir de thym, de romarin et d'un quart de la chair de la truite marinée.

Refermer les 4 truites en pressant bien.

Passer les truites farcies dans la farine et tapoter pour en enlever l'excédent.

Battre les deux œufs et passer les truites dans cette masse. Les recouvrir de chapelure.

Chauffer le beurre ou le beurre clarifié dans une poêle et y placer les 4 truites farcies pour les dorer sur les deux faces.

Présenter sur 4 assiettes préchauffées et servir avec une salade verte, des légumes de saison cuits ou des pommes de terre au romarin.

OFENSCHLUPFER

6 altbackene Weckle oder 1/2 altbackener Hefezopf | 2 Äpfel | 50 g Zucker | 50 g Rosinen | 50 g gehackte Mandeln | 2 Eier | 1/2 l Milch

Die Äpfel waschen und schälen. Das Kernhaus entfernen und die Äpfel in Scheiben schneiden. Die Weckle respektive den Hefezopf ebenfalls in Scheiben schneiden.

Sodann eine feuerfeste Auflaufform einfetten. In diese legt man abwechselnd eine Schicht von den Wecken bzw. dem Hefezopf und den Apfelscheiben. Dabei sollte eine Lage Brötchen den Abschluss bilden.

Darüber gibt man den Zucker, die Rosinen und die gehackten Mandeln.

Anschließend werden die Eier und die Milch verrührt. Dann gießt man die Eiermilch über die Apfel-Brötchenschichten in die Auflaufform und lässt das Ganze im vorgeheizten Backofen bei 180° C etwa 45 Minuten backen.

Je nach Belieben mit Kompott, Vanille- oder Chaudeau-Sauce warm servieren.

 6 old bread rolls or 1/2 old yeast loaf | 2 apples | 50 g sugar | 50 g raisins | 50 g chopped almonds | 2 eggs | 1/2 l milk

Wash and peel the apples. Remove the core and cut the apples into slices. Also cut the rolls or yeast loaf into slices.

Grease an ovenproof baking dish. Add alternate layers of the bread or yeast loaf and apple slices. A layer of bread should be on top.

Scatter the sugar on it, along with the raisins and chopped almonds.

Then mix the eggs and milk. Pour the mixture over the layers of bread and apples and bake the whole thing in a preheated oven for around 45 minutes at 180° C.

Serve warm with fruit compôte, vanilla or sabayon.

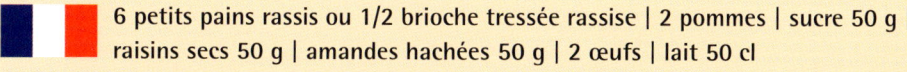 6 petits pains rassis ou 1/2 brioche tressée rassise | 2 pommes | sucre 50 g | raisins secs 50 g | amandes hachées 50 g | 2 œufs | lait 50 cl

Laver et éplucher les pommes. Epépiner et couper en lamelles. Couper en tranches les petits pains ou la brioche.
Beurrer un moule à gratin réfractaire. Y déposer en alternance une couche de pain ou de brioche et une couche de pommes. La couche du haut doit être composée de pain ou de brioche.

Répandre sur le dessus le sucre, les raisins secs et les amandes hachées. Battre les

œufs dans le lait et verser le mélange sur les couches de pain et de pommes du moule. Cuire environ 45 minutes dans un four préchauffé à 180° C.

Servir chaud, selon les goûts, avec de la compote ou une sauce anglaise ou un sabayon.

FASNETSKIECHLE
Carnival cakes | Beignets de carnaval

200 ml Milch | 42 g Hefe | 30 g Zucker | 500 g Mehl | 1 Prise Salz | 30 g weiche Butter | 1 Ei |
3 EL Honig | 1 unbehandelte Zitrone | 2 EL Rum | 1 Päckchen Vanillezucker | Butterschmalz oder
Öl zum Ausbacken | Zucker oder Puderzucker zum Bestäuben

Zitronenschale fein abreiben und die Zitrone auspressen.

Die Milch leicht erwärmen. 4 Esslöffel davon in eine kleine Schüssel geben, die Hefe hineinbröckeln und mit 1 Teelöffel Zucker mit einer Gabel einen Vorteig anrühren. Dann kurz gehen lassen.

Das Mehl in eine Schüssel geben, in der Mitte eine Mulde formen und den Vorteig hineingießen. Das Salz, den restlichen Zucker, die Butter, das Ei, Honig, den Zitronensaft und die fein abgeriebene Schale der Zitrone sowie den Rum und den Vanillezucker zugeben und daraus einen Teig kneten. An einem warmen Ort zugedeckt etwa 30 Minuten gehen lassen.

Den Teig nochmals durchkneten und circa 3 Millimeter dick ausrollen. Die Teigplatte in Rechtecke von ungefähr 8 Zentimeter Kantenlänge teilen.

Alternativ kann man auch kleine Teigkugeln formen und diese so auseinander ziehen, dass sie in der Mitte am dünnsten sind, da sie sonst in der Mitte stark aufgehen und innen hohl bleiben.

In einem Topf das Butterschmalz oder Öl erhitzen und darin die Kiechle nacheinander von beiden Seiten hellbraun ausbacken. auf Küchenpapier abtropfen lassen. Mit Zucker bestäuben und warm servieren.

🇬🇧 200 ml milk | 42 g yeast | 30 g sugar | 500 g flour | 1 pinch of salt | 30 g soft butter | 1 egg | 3 tbsp honey | 1 lemon | 2 tbsp rum | 1 pack of vanilla sugar | clarified butter or oil for frying | sugar or icing sugar for dusting

Finely grate the lemon zest and extract the juice from the lemon.

Warm the milk slightly. Place 4 tablespoons of milk in a small bowl, crumble in the yeast and, together with 1 teaspoon of sugar, stir with a fork to make a yeast sponge. Then leave to prove.

Place the flour in a bowl, make a hollow in the centre and pour in the yeast sponge. Add the salt, remaining sugar, butter, egg, honey, lemon juice and the finely grated lemon zest, as well as the rum and the vanilla sugar, and form smooth dough. Leave in a warm place for around 30 minutes to prove.

Knead the dough again on a floured work surface and roll it out until it is about 3 millimetres thick. Divide up the dough into rectangles with edges of about 8 centimetres in length.

Alternatively, form little balls of dough and pull them apart, so that they are thinnest in the middle, otherwise they will rise most in the centre and be hollow.

In a saucepan, heat up the clarified butter or oil and fry the dough on both sides until light brown. Remove then and let them drain on kitchen roll. Dust with sugar and serve warm.

🇫🇷 lait 20 cl | levure 42 g | sucre 30 g | farine 500 g | sel 1 pincée | beurre mou 30 g | 1 œuf | miel 3 Cs | 1 citron non traité | rhum 2 Cs | sucre vanillé 1 sachet | beurre clarifié ou huile alimentaire | sucre en poudre ou sucre glace

Râper l'écorce du citron et en presser le jus.

Réchauffer légèrement le lait. En mettre 4 Cs dans un bol, y émietter la levure, ajouter 1 Cc de sucre et mélanger à la fourchette. Laisser lever brièvement.

Mettre la farine dans une terrine, former un puits et y verser le levain. Ajouter le sel, le reste de sucre, le beurre, l'œuf, le miel, le jus de citron et le zeste du citron puis le rhum et le sucre vanillé. Pétrir le tout pour obtenir une pâte souple. Recouvrir et laisser lever env. 30 minutes à un endroit chaud.

Pétrir la pâte à nouveau sur une surface enfarinée et abaisser au rouleau à une épaisseur de 3 mm environ. Découper la plaque obtenue en petit carrés de 8cm environ de côté.

Il est aussi possible de former des petites boules de pâte et de les étirer pour qu'elles soient moins épaisses au centre. Sinon elles lèveraient beaucoup plus au centre et le cœur serait vide.

Dans une casserole, faire chauffer le beurre clarifié ou l'huile et y plonger les beignets pour les faire brunir. Sortir et déposer sur un papier absorbant. Saupoudrer de sucre et servir chaud.

BADISCHE HOLUNDERBLÜTENKÜCHLE

Baden elderflower cakes | Beignets de fleurs de sureau

250 g Mehl | 15 g Zucker, Puderzucker oder Zimt | 1/4 l Weißwein oder Most | 20 ml Öl |
1 unbehandelte Zitrone | 2 Eier | 1 Prise Salz | Öl oder Fett zum Frittieren | 10 Holunderblüten-
dolden mit Stiel | einige grüne Holunderblätter zur Dekoration

Zunächst wird die Schale von der unbehandelten Zitrone abgerieben. Dann trennt man das Eigelb und das Eiweiß der beiden Eier und schlägt das so gewonnene Eiweiß steif.

Die Holunderblütendolden am Stiel lassen, gründlich waschen und auf etwas Küchenkrepp oder einem Küchentuch abtropfen lassen.

Anschließend wird das Mehl mit dem Zucker, dem Salz und dem Weißwein beziehungsweise dem Most vermengt. Dann fügt man nacheinander das Eigelb, das Öl beziehungsweise das Fett und die abgeriebene Zitronenschale hinzu und verrührt alles zu einem glatten festen Teig. Zuletzt das steif geschlagene Eiweiß unterheben.

Dann werden die Holunderblütendolden einzeln durch den Teig gezogen und mit den Stängeln nach oben nacheinander im heißen Öl oder Fett goldgelb ausgebacken.

Zum Entfetten kurz auf Küchenkrepp legen. Auf einer Platte anrichten und mit (Puder-)Zucker und/oder Zimt bestreuen, mit den grünen Holunderblättern dekorieren und nach Möglichkeit warm verzehren.

Eigentlich benötigt man zu Holunderblütenküchle keine Beilagen. Man kann dazu aber je nach Belieben Apfelmus, Erdbeersahne, frische Früchte oder Kompott reichen.

250 g flour | 15 g sugar, icing sugar or cinnamon | 1/4 l white wine or cider | 20 ml oil | 1 lemon | 2 eggs | 1 pinch of salt | oil or fat for deep frying | 10 elderflowers with stem | some green elder leaves for decoration

Firstly, grate the zest of the lemon. Then separate the yolks and whites of the two eggs and whip the egg whites until they are stiff.

Leave the elderflowers on the stems, wash them thoroughly and dry carefully with a towel or some kitchen roll.

Then mix the flour with the sugar, the salt and the white wine or cider. Next, add the egg yolk, then the oil or fat and the grated lemon zest and mix it all into a smooth, firm batter. Finally, add the stiffly whipped egg white.

Then draw the elderflowers singly through the batter and, with the stems pointing upwards, fry them individually in hot oil or fat until golden.

Place on some kitchen roll to dry. Then, arrange them on a serving plate and dust them with (icing) sugar and/or cinnamon, decorate with the green elder leaves and, if possible, eat while still warm.

Elderflower cakes do not require any accompaniment. However, they can be served with apple purée, strawberries and cream, fresh or preserved fruits.

farine 250 g | sucre, sucre glace ou cannelle 15 g | vin blanc ou cidre 25 cl | huile 2 cl | 1 citron non traité | 2 œufs | sel 1 pincée | huile ou graisse à friture | 10 bouquets de fleurs de sureau avec leur tige | quelques feuilles de sureau vertes pour décorer

Râper l'écorce du citron. Séparer ensuite le jaune et le blanc des deux œufs et battre les blancs en neige. Laisser les fleurs de sureau sur la tige, bien laver et égoutter sur du papier de cuisine absorbant.

Mélanger ensuite la farine avec le sucre, le sel et le vin blanc ou le cidre. Y ajouter ensuite successivement les jaunes d'œuf, l'huile ou la graisse et le zeste de citron et mélanger le tout pour obtenir une pâte ferme et lisse. Y incorporer les blancs battus en neige.

Tremper ensuite les fleurs de sureau dans la pâte et les faire dorer, la tige en haut, dans l'huile ou la graisse chaude.

Enlever l'excès d'huile en les déposant sur un papier absorbant. Disposer sur un plat et saupoudrer de sucre glace ou de cannelle, décorer de feuilles vertes et servir chaud.

Habituellement, les fleurs de sureau frites sont servies sans accompagnement. On peut cependant présenter de la compote de pommes, une crème à la fraise ou des fruits frais.

SCHWARZWÄLDER KIRSCHCREME
Black Forest cherry cream | Crème aux griottes « Forêt Noire »

Zutaten für 8 Personen: 2 schwach gehäufte TL gemahlene Gelatine, weiß | 4 EL kaltes
Wasser | 1 l Milch | 2 Päckchen Vanillepudding-Pulver | 10 EL kalte Milch | 3 EL Kirschwasser |
1/4 l Sahne | 375 g entsteinte Sauerkirschen aus dem Glas | geraspelte Schokolade |
150 g Zucker | 1 Päckchen Vanillezucker

Zunächst rührt man die Gelatine mit Wasser in einem kleinen Topf an. Dann lässt man das Gemisch 10 Minuten zum Quellen stehen. Zwischenzeitlich bringt man einen Liter Milch zum Kochen.

Pudding-Pulver und Zucker mischen, mit den 10 Esslöffeln kalter Milch anrühren und dann unter Rühren in die von der Kochstelle genommene warme Milch geben. Das Ganze kurz aufkochen lassen.

Dann die gequollene Gelatine dazugeben und so lange rühren, bis sie sich aufgelöst hat. Den Pudding kalt stellen und ab und zu durchrühren. Das Kirschwasser unter den erkalteten,

aber noch nicht fest gewordenen Pudding rühren. Sahne mit Vanillezucker verrühren, steif schlagen und den Großteil davon unter den Pudding heben, dabei aber etwas Sahne zum Verzieren zurückbehalten. Die Sauerkirschen gut abtropfen lassen (einige zum Garnieren zurücklassen), mit der Sahnecreme abwechselnd in Dessertschalen schichten. Die oberste Schicht muss aus Sahnecreme bestehen. Die Schwarzwälder Kirschcreme mit der zurückgelassenen Sahne verzieren, mit den restlichen Kirschen und der Schokolade garnieren.

Ingredients for 8 people: 2 loosely piled tsp ground gelatine, white | 4 tbsp cold water | 1 l milk | 2 packs of vanilla blancmange powder | 10 tbsp cold milk | 3 tbsp Kirsch | 1/4 l cream | 375 g pitted cherries from a jar | grated chocolate | 150 g sugar | 1 pack vanilla sugar

Firstly, stir the gelatine into the water in a saucepan. Leave the mixture to stand for 10 minutes. In the meantime, boil a litre of milk.

Mix in the blancmange powder and sugar, stir in the 10 tablespoons of cold milk and then, whilst stirring, add the warm milk which has been removed from the heat. Bring the mixture briefly to the boil.

Add the expanded gelatine and stir in until it has dissolved. Cool the blancmange and stir occasionally. Add the Kirsch to the cool but not yet firm blancmange. Mix the cream with the vanilla sugar, whip it until firm and stir the majority into the blancmange, setting some cream aside for decoration. Drain the cherries well (set some aside for decoration) and layer them in the dessert bowls with alternating layers of the cream. The top layer should be the cream. Decorate the Black Forest cherry cream with the remaining cream, the remaining cherries and the chocolate.

Pour 8 personnes : gélatine blanche en poudre 2 Cc | eau froide 4 Cs | lait 1 l | poudre de flan vanillé 2 sachets | lait froid 10 Cs | Kirsch 3 Cs | crème liquide 25 cl | griottes dénoyautées (en bocal) 375 g | chocolat râpé | sucre 150 g | sucre vanillé 1 sachet

Dans une petite casserole, mélanger la gélatine dans l'eau. Laisser gonfler 10 min. environ. Pendant ce temps, faire bouillir 1 l de lait.

Mélanger à part la poudre de flan vanillé et le sucre et les ajouter à 10 cuillères à soupe de lait froid. Mélanger. Incorporer le tout au lait chaud éloigné de la plaque puis faire bouillir l'ensemble brièvement.

Ajouter ensuite la gélatine gonflée et mélanger jusqu'à ce qu'elle soit dissoute. Faire refroidir le flan en remuant de temps en temps. Ajouter le kirsch dans le flan refroidi mais pas encore durci. Mélanger la crème et le sucre vanillé, battre en neige et en mélanger une grande partie dans le flan. Conserver un peu de crème pour décorer. Bien égoutter les griottes (en garder quelques-unes pour décorer) les disposer dans les coupes à dessert en couches alternées avec le flan. La dernière couche doit être du flan. Décorer avec la crème et des griottes restantes et le chocolat râpé.

Schwäbische Rezepte vom Feinsten

Katharina Hild · Nikola Hild

Schwäbische Küche

Die leckersten Rezepte aus *Schönes Schwaben*

Dieses Kochbuch mit den besten Rezepten aus der beliebten Monatszeitschrift *Schönes Schwaben* stellt schwäbische Gerichte in zeitgemäßer Interpretation, aber auch süddeutsche Klassiker vor.

- Suppen und Eintöpfe,
- Wild und Fisch,
- Fleisch und Wurst,
- vegetarische Gerichte und Süßspeisen,
- Gebäck und Desserts.

Mit vielen appetitanregenden Fotos von der Zubereitung und den fertigen Gerichten, mit Infos zu den kulturellen Hintergründen und mit Kochtopf-Geschichten, für Gelegenheitsköche und Meisterköchinnen. Moderne Heimatküche in leckerer Vielfalt.

136 Seiten, 125 Farbfotos, fester Einband. ISBN 978-3-8425-1380-8

Silberburg·Verlag

www.silberburg.de